これだけは理解しておきたい

ボランティアの基礎

久米 隼

CONTENTS

はじめに …… 4
第1章 ボランティアの基本を知る …… 11
1 ボランティアの定義と3つのキーワード 12
① 自発性 13
② 無償性 15
③ 利他性 20
2 ボランティアと「奉仕」の違い 22
3 社会問題のとらえ方 26
①ニーズのある場面をキャッチする 26
② 社会問題とは何か 27
第2章 ボランティアとして活動をはじめる …… 33
1 何をやってみたいかを整理してみよう 34
2 活動を具体的に考えよう 39
① 身の回りの身近なところから活動をはじめる 40
② ボランティア団体が募集する活動に参加する 41
③ 養成講座や研修会に参加してみる 43
④ 体験学習やスタディツアーに参加する 44
3 相談する 45
第3章 ボランティアの活動ポイント …… 49
1 まずはボランティア保険に入ろう 50

2 ボランティアの活動ルール 52
3 ボランティアとしてのマナー 65
4 トラブル発生時について 66
① ケガをさせてしまった・モノを壊してしまった 67
② 自分ができないことを求められた 68
③ その他 69
第4章 ボランティアの活動を振り返る …… 73
1 ボランティアと振り返り 74
2 PDCAサイクルで考える 76
第5章 ボランティアを次へのステップに …… 79
1 学生にとってはじめてのボランティア 80
① 社会から求められるニーズを知ること 81
② 学生だからこその強みを生かした活動 82
2 ボランティア「経験」を次につなげる 83
3 ボランティアの活動と就職活動 85
第6章 NPOとボランティア …… 91
1 NPOとは 92
2 NPOとボランティアの違い 100
3 社会人になってもNPOやボランティアにかかわり続けることの魅力と価値 101
おわりに …… 104

CONTENTS

はじめに

ボランティアについて、やったことがないという人であっても、聞いたことがないという人は少なく、それぞれ違いはあれども何等かのイメージをふくらませることができるだろう。

今日のようにボランティアが広まったのは１９９５年の阪神・淡路大震災がきっかけともいわれている。当時、被災地へ全国各地から一般市民が駆けつけて活躍し、多い時は1日に2万人ともいわれる人が汗を流した。その数は発災からおよそ2年間（～１９９７年12月末）で推計１８０万人に達した。[1]

この年はのちに「ボランティア元年」と呼ばれるようになり、ボランティアは災害時だけではなく平時にも、そして多彩な活動に広がりをみせることになる。

老若男女、多様な人々が参加することもボランティアの特徴であるが、今回は「学生によるボランティア」に着目をしたい。

公益財団法人日本財団学生ボランティアセンターが２０１７年に実施した調査では、ボランティアに関心を持つ学生は全体の60％を超えているものの、直近1年の間にボランティア活動を実施した学生は30％弱に留まることが明らかとなった。[2]

本書を読み進めようとしているみなさんは、ボランティアに少なくとも関心を持っているのだろう。

一方で、実際にはどう活動すればよいのか、悩んだり、戸惑ったり…最初の一歩が踏み出せずにいるのかもしれない。はたまた、今行っている活動からどう次の展開につなげていこうか悩んでいるのかもしれない。

本書は、そういった学生を主な対象に「ようこそ！」という気持ちで書き下ろした。また、すでに活動をしている人には、今一度振り返る際に役立ててほしい。

さて、本編に入る前に、ボランティアに関心を持った理由を聞いてみたい。社会問題に関心を持ったから？小さいころに取り組んでいたから？学生らしさを満喫したいから？（ぶっちゃけると…就活に有利と聞いたから？）

理由なんて人それぞれであり、語弊を恐れずに申し上げるならば「なんでもよい」と考えている。最初からかっこいいこと（周りから評価されると思われるような理由）を言えばよいものでもないし、理由なんてあとから何とでも言えるだろう。

しかし、ひとつだけ伝えたいことがある。それはみなさん自身の素直な「やってみたい！」を何よりも大事にしてほしいということである。なぜならば、やってみたい気持ちがあれば、ボランティアの入り方（きっかけ）は自由であるべきと考えているからである。

今は「やってみたい！」と強く思う動機がないかもしれない。何かしたいなぁ…でも十分である。活動していくなかで自分の「やりたい！」が見つかるかもしれず、この際、それでも良いと開き直ることも必要だろう。

---

1 長沼隆之、１９９８、「被災地ボランティアの活動実態と分析」神戸都市問題研究所『都市政策』勁草書房、92 : 29.

2 日本財団学生ボランティアセンター、２０１７、「全国学生１万人アンケート～ボランティアに関する意識調査２０１７～全設問データ資料」、日本財団学生ボランティアセンターホームページ（２０２０年7月28日取得、http://gakuvo.jp/images/newsrelease/10000student/2017student10000fulldate.pdf）.

むしろ「何がやりたいのかわからない」のであれば、「やりたいこと」を頑張って探す必要なんてない。やりたいことは探すものではなく、いずれどこかで出会うものである。

その「どこか」が、学校かもしれないし、旅行先かもしれない。今回のテーマであるボランティアなのかもしれない。

もしボランティアとして活動をする中で「やってみたいな」と思ったらぜひやってみてほしい。ふと気づいたときに思っているかもしれないし、やりたいことなんてそのようなものである。

ボランティアの活動は幅が広いだけではなく、その活動の方法や取り組み方も多様である。そのなかで自分自身にぴったりあった活動を探すことも面白さの一つであり、ボランティアをするなかで自分と向き合い、活動をとおして、自分を見つける旅なのだ。

ここで、本書に込めた思いであり願いを書き留めておくことにしたい。

学生のみなさんには、ボランティアを思いきり楽しんで活動してほしいと思っている。しかし、せっかくならばボランティアを楽しむだけでなく、ボランティアで得られた体験や経験などをその後の人生に何らかの形で役立ててほしい。

学生は卒業後にそれぞれの目指す方面で活躍していこうとしている。

どのような場面に進んでも、ボランティアで得られた体験や経験はかけがえのないものになるだろう。

そのためにはボランティアをやみくもに実践するだけではなく、基礎的な知識を身につけ、理解をしておく必要がある。

その理由は、基礎的な知識などを理解した上でのボランティアの実践経験と、ただ参加するだけのボランティアの実践経験とでは、活動をとおして得られるものが大きく異なるからであると考える。

本書をとおしてボランティアを学び、理解し、実践を楽しむだけではなく、その経験をもとに、大きく成長した自分を再発見し、さらに活躍されることを願っている。


本書は第1章から第6章まであえて細かく章をわけて構成している。細かく章をわけることで、最初からでも最後からでも、途中からでも好きなところから読めるようにした。

第1章では、ボランティアの基礎知識を中心に、ボランティアとは何かといったことを3つのキーワードをもとに整理するとともに、活動の背景にある「社会問題」の捉え方について考えてみる。

第2章では、実践を行うにあたり、ボランティアの入口をいくつか紹介しつつ、実際にどのようなことを意識しながら活動先を探していくのがよいのか、ポイントをまとめた。

第3章は、ボランティアの実践入門として、実際に活動をはじめるにあたり最低限必要な知識やルールを、続く第4章では活動後の振り返りについて考える。

第5章と第6章は、次のステップとして、学生に向けて進路を含めた就職活動のことや、社会人になっても続くボランティアのこと、NPO法人(特定非営利活動法人)についても触れてみたい。

今もボランティアにかんする専門家や実践者の中で、さまざまな議論が繰り広げられていることを重々承知しているが、本書は主に学生を読者に想定し「ボランティアの入門書」としたことから、なるべく要点のみをシンプルにまとめることに努めた。

そのため、最低限理解しておきたいことをぎゅっと凝縮したので、ご自身の関心のある章から目を通していただきたい。

そして、本書をお読みいただいたあと、「実践」までご一緒したいと思っている。

第1章

ボランティアの基本を知る

1 ボランティアの定義と3つのキーワード

ボランティアを語る上で欠かさず出てくるキーワードは「自発性」「無償性」「利他性」の３つであるが、[1] この３つはいずれか一つを満たせばよいというものではなく、これらをすべて満たすことが「ボランティア」であると捉えられている。[2]

そのほかに、先駆性・補完性・継続性・自己実現性などボランティアの定義をより一層広げる新たな考え方もうまれつつあるが、そもそものボランティアという言葉について、その語源をたどることからはじめたい。

ボランティアは、英語の「Volunteer」をカタカナで表記した言葉であるが、その語源は、フランス語のvoluntaireとされ、自発性（voluntary）と、従事する（～eer）が結びついてできた言葉である。[3]

さらにその語源をたどるとラテン語のvoluntasであり、古代ラテン語のvolo（喜んで～する）に由来している。[4]

ここで注目をしたいのは、ボランティアの３つのキーワードの中でも、「ボランティア」という言葉そのものには「無償性」や「利他性」という意味は含まれておらず「自発性」のみを意味しているということである。

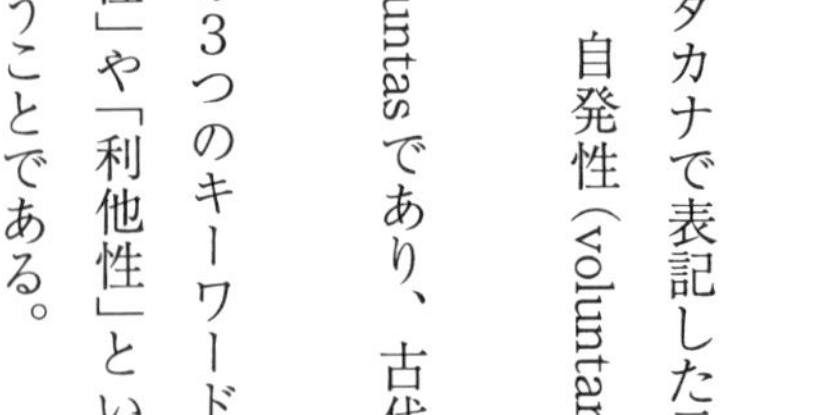
無償性
3つすべてを
満たしたものがボランティア

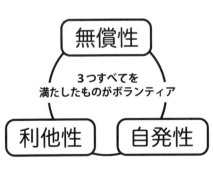

このようにボランティアを語る上で、3つのキーワードはいずれも欠かせないものの、言葉の語源からその意味を紐解くと、ボランティアで特に重視すべきキーワードは「自発性」と考えることもできる。そこで本章では自発性を最初にとりあげ、無償性、利他性の順にボランティアの定義について考えてみることにする。

①自発性

自発性とは、「自ずと発する」の字のとおり、自らの意思で行うことである。「自らの意思」とは、他人から強制されたり、義務として課されたりすることではなく、自ら進んで、自らの意思で行うということである。いきなりだが、幼稚園や小学校に通っていた頃のような幼き時代を少し思い出してほしい。泥んこになったり、お花を摘んだり、ドッジボールをしたり、絵本を読む、お話をする…遊んだ経験がないという人はいないだろう。

1　田尾雅夫、2001、『ボランティアを支える思想』すずさわ書店、23.
2　入江幸男、2013、「ボランティアの思想」内海成治・入江幸男・水野義之編『ボランティア学を学ぶ人のために』世界思想社、5-6.
3　内海成治、2014、「ボランティアとは何か・教育の視点から」内海成治・中村安秀編『新ボランティア学のすすめ』昭和堂、7.
4　早瀬昇、2017、「「ボランティア」の理解」『ボランティアコーディネーション力　第2版』中央法規出版、12.

成長とともに遊びの内容は変化していくが、他者（例えば、子どもの場合、親などの大人）から、「これで遊びなさい」と指示されるのではなく、自らの「遊びたい」や「やってみたい！」という気持ち（＝自発性）から遊びが発生するのが基本であり、典型的な自発性の例ということができる。

本題のボランティアにも同じことが言える。ボランティアにおける自発性をわかりやすく言うならば「自分が活動したいと思うこと」であり、その思いが実際の行動につながると「活動」となる。まさに「やりたいからやる」という自発性は、ボランティアの基本である。

このように、ボランティアは、誰かに指示されて行うものではなく、あなた自身の「やりたい！」という気持ちが尊重されなければならない行為なのだ。

自発性を重視するため、ボランティアはさまざまなことを自由に選択することができる。日時や場所だけではなく、興味のある社会問題や分野など自らの意思で選ぶこともできる。

極端にいえば、活動をするかどうかも自身の考え次第であり、活動に参加したとしても自身を「ボランティア」と呼ぶかどうかも決めることができる。

スポーツチームにボランティア指導役としてかかわっている人は「監督」や「コーチ」などと名乗っていることが多いだろう。その他にもスタッフ・メンバーなどと名乗ることもあるが、それも自由に選択することができる。

このように活動の中で多くの選択肢があることは、自発性を尊重するボランティアの大きな特徴の一つなのである。

②　無償性

見返りを求めずに接することが美徳とされているのは、我が国に根強くある「おもてなし」の精神にも通ずるところがある。その象徴的ともいえる「無償性」は、多くの人々のボランティアに対するイメージのなかで最も重視されていることかもしれない。

では、ボランティアとして活動をするなかで、無償性を重んじるばかりに、一切の見返りを求めてはいけないのだろうか。

関西大学が2018年に行った「2018年度学生生活実態調査」[5]では、ボランティアに関するアンケートが行われた。

その中で、ボランティア参加経験がある学生に対して「ボランティア活動から得たもの」という問いが設けられ、もっとも多かった回答は「多様な人との交流」、次に多いのが「友人（学内外）」であった。

このようにボランティアは、交友関係を広げ、普段の生活では知り合うこと・話すことのないであろう多様な世代の人々をつなぎ、新たなネットワークをつくるといった「人と人とのつながり」を得ることも期待できる。

5　関西大学、2019、「2018年度学生生活実態調査報告書」（2020年7月30日取得，http://www.kansai-u.ac.jp/gakusei/lifestyle/h30/index.html）.

そのつながりは、金銭や契約の関係、侍従関係といった利害関係もなく、お互いに同じ「ボランティア」であるがゆえのフラットで気楽な関係であり、つながりであるということが特徴である。

その他にも、「視野の広がり」や「社会勉強」といったことから「コミュニケーション能力」など自身の生活や学び、その後に大きく影響する経験を得ることもあるだろう。

このようにボランティアをとおして得られることは金銭ではなく、人と人とのつながりや交流関係、多くの経験など、「金銭には代え難いこと」であるともいえる。

すなわち、ボランティアの3つのポイントの一つである無償性とは「経済的な報酬（金銭）を目的としない」という考え方であるともいえ、経済的な報酬以外については、活動をするなかでむしろ多くのことを得られる可能性が大いにあるといえる。

さて、学生の中にはコンビニエンスストアや学習塾の講師など、アルバイトなどに従事したことのある学生も多いだろう（少し余談になるが２０１８年度に行われた調査では大学（昼間部）に所属する学生のうち86.1％が1年以内にアルバイトに従事した経験があると回答しており、ボランティアと比較しても圧倒的な違いがある）[6]。

アルバイトを行う理由のなかには、交友関係を広げることも含まれるかもしれないが、少なくとも雇用契約によって結ばれた関係であり、労働の見返りとして「賃金」を受け取ることは絶対的な目的として、欠かせない要素である。

賃金（バイト代）がもらえないのであれば、わざわざ大切な時間を縫って働きに行くことはないだろう。

このようにアルバイトなどの雇用関係に絶対的な目的としてあげられる「経済的な報酬（見返り）」を求める点が、ボランティアにはない。

むしろ経済的な見返りを求めているのであれば、ボランティアではなくアルバイトなどとして取り組むべきである。

若干、混乱をさせてしまうかもしれないが、実際にボランティア募集情報を見ると、よく目にするのが「有償ボランティア」という形態である。

ボランティアを示す3つのキーワードの一つが無償性であるのに、反対の意味である「有償」が頭についた「有償ボランティア」について疑問を感じる人も多いだろう。

この「有償」のボランティアをめぐっては1980年代より多くの議論を呼び、その議論は尽きずにいる。[7]

一般的な賃金労働とボランティアの大きな違いをあげるならば次の2点をあげることができ、本章ではこの2点をもとに有償ボランティアについて考えてみたい。

6　独立行政法人日本学生支援機構、2020、「平成30年度学生生活調査結果」（2020年8月5日取得，https://www.jasso.go.jp/about/statistics/gakusei_chosa/__icsFiles/afieldfile/2020/03/16/data18_all.pdf）

7　小野晶子、2005、「「有償ボランティア」という働き方 —その考え方と実態—」独立行政法人労働政策研究・研修機構編『労働政策レポート』3（2020年9月9日取得，https://www.jil.go.jp/institute/rodo/2005/documents/repo003.pdf）.

①経済的な報酬を受け取ることを主たる目的としているか
②活動（労働）の対価として謝礼などを受け取るか

まず、①についてであるが筆者は謝礼多寡を問わず、活動者本人がどういう目的をもって活動しているのかを重視している。

仮に賃金を得たいという主たる目的であれば、それは経済的な報酬を目的としていることから、無償性（経済的な見返りを求めない）を重視しているボランティアとしての活動ではないと断言して差し支えないだろう。

②について、一般的な賃金労働は、労働を提供し経済的な報酬を受け取ること、わかりやすくいうならば雇用主は労働者から提供される「労働」に対し、その対価として「賃金」を支払うことが基本的な仕組みである。

この対価のうちに有償ボランティアが含まれるのかについては、報酬の性格や額、具体的な活動の依頼内容、諾否の自由の有無などが判断基準としてあげられる。[8]

例えば時間単位で給与が計算される（いわゆる「時給」）ものでもなく、ミーティングの活動中にボランティアの仲間たちとつまむ程度の適量のお菓子とお茶を「買ってきたら？」と、金銭のやりとりがされた場合はどうだろう。

活動中に発生する、実費相当程度の負担を軽減する金額であり、労働の対価ではないと考えるのが妥当であると考えられる。

学生から寄せられる質問で「昼食代や交通費が出るらしいのですが、ボランティアなので受け取らないほうがよいですか？」という内容がときどき寄せられる。

そのような質問を受けた際には、「もらえるなら気持ちよく受け取って、もらった昼食代でおなか一杯（になるかわからないけど）ご飯食べて、その分、ボランティアとして活動を一所懸命に頑張ろうよ！」とアドバイスをするようにしている。

質問をしてきた学生は、経済的な対価を求めているわけではなく、お弁当代や交通費を求めているわけでもない。

前述のとおり、一般的な昼食代としての費用、実際に支払った交通費とかけ離れていない相当額であれば、いずれも活動（労働）に対する対価性のある支払いと考えるのは難しく、無償で活動するボランティアに対する活動補助や実費弁償程度と考えることは差し支えないだろう。[9]

同じような事例として、イベントなどのボランティアを行う際によく見受けられるスタッフTシャツや、キャップといったユニフォームに準ずる物資の配付なども同じようなことがいえる。

活動中は着用が求められていたものの、終わった後に返すべきかという質問もたまにある。イベントによっては名の知れた有名ブランド製品もあり、悩むようである。

貸与であれば当然に返却の一択であるが、運営者から「活動後は記念にお持ち帰りください」という支給指

8　一つの参考として、「労働者」について考えることで、その違いを分析することもできる。昭和60年労働省（現：厚生労働省）「労働基準法研究会報告（労働基準法の「労働者」の判断基準について）」などを参考にされたい。

9　全国社会福祉協議会は「住民参加型在宅福祉サービスの展望と課題」（1987年）において「実費弁償（交通費・食事代などボランティア側の出費を弁償すること）を超えた報酬を得る活動はボランティア活動とは呼ばない」と整理している。

示があれば受け取っても差し支えないものと考える。

ボランティア先（例えばイベントの主催者）の立場からすると、ボランティアとして一緒に活動してくれた感謝の気持ちも含めてプレゼントされることも多い。せっかくなので受け取ることで思い出の一つにしてはいかがだろうか。

このように、経済的な見返りを求めているわけではなくとも、経済的な見返り以外で交通費、お弁当代、ユニフォーム代や現物提供などが行われることがある。重要なのはボランティアとしてその活動に対してどのような目的をもってかかわろうとしているのかということであることを忘れてはならない。

ボランティアの負担軽減は結果的に継続的な活動にもつながる。もちろん、言葉とおりの「無償性」にこだわることも否定されることではないが、ボランティアとして、その活動を継続的にかかわり続けることも、相手の利益になることを踏まえる必要がある。

③ 利他性

ボランティアの3つのキーワードのうち最後にとりあげる「利他性」とは、他人の利益になるように努めることを意味する。この言葉に対となるのは利己性（自分の利益を中心に考える）である。

わかりやすい表現になおすと、自分ではない「他者のために」という意味であるが、だからといって自らの犠牲を過度に大きくする必要はないということを特に強調しておきたい。

ボランティアは、サービスを提供する側(してあげる)・提供を受ける側(してもらう)の一方的な関係性ではなく、相手の気持ちと同じぐらい活動者自身の気持ちも尊重され、双方向な関係性を重視する。わかりやすく言えば「お互いさま」の関係なのである。

その中では、お互いにできること・できないこと(やりたいこと・やりたくないこと、もしくは、やってほしいこと・やってほしくないこと)があって当然であり、お互いにそのことを理解しなければならない。のちほど登場するボランティア・コーディネーターによってボランティア・コーディネートと呼ばれる適切なマッチングが必要なのはそのためである。

とはいえ勘違いしてほしくないのが、ボランティアは自分の好きなことだけをやるというわけではないということである。自分の好きなことを自分のためにやっているのであれば、利己性が大きくなり、ボランティアとはいえない。だからこそ、自分の気持ちと「他者のために何ができるのか」を考えて、行動する努力が必要である。

この利他性というキーワードは、時に「公共性」や「社会性」ともいわれることもある。ボランティアは他者のために行う行為であるが、その他者とは誰かと考えたとき、極端をいえば目の前で困っている個人が対象となる。その輪が広がることで公共(Public)や社会(Social)といった全体の利益に最終的にはつながるということを示しているといってもよいだろう。

誰かのために活動をすることを難しく考えすぎる必要はない。困っている・悩んでいる人が目の前にいたら、その人に対して何ができるのか、ということである。

大きな課題にいきなりチャレンジするのではなく、あなたのできることからやってみることもボランティアをはじめる上で大きな第一歩である。

2 ボランティアと「奉仕」の違い

ここまで3つのキーワードをまとめてきた。次に、混同されがちな「奉仕」と「ボランティア」の違いについて考えてみることにする。

ボランティアと似たような活動に、我が国には古くから「奉仕」という考え方・活動がある。奉仕の意味は「奉じ仕える」の字のとおり、他者や社会など誰かのために尽くす意味を持ち、その活動には自らの意思は関係ないとされる。すなわち、時には命令によって従事することもある。

一方で、ボランティアは、活動する者の自発性が尊重され、活動をする・しないのほかに、希望に応じてどういった活動をするかといった選択肢の中から自由に取り組むことができる特徴がある。

よく「小学校の時に取り組んだ活動は、奉仕ですか？それともボランティアですか？」といった相談をうけることがある。

我が国では、２０００年に教育改革国民会議において、「奉仕活動の義務化」構想が打ち出され、２００７年の学校教育法改正では「ボランティア活動など社会奉仕体験活動」の充実に努めることが明文化さることとなった（同法第31条）。

これらが示しているのは、学校教育の一環として「奉仕」を行うことが求められるようになったということである。

具体的な学校の動きとして東京都の都立高等学校を例に挙げると、２００７年に東京都設定教科・科目として「奉仕」が設定されるなど、教育現場における奉仕活動は推し進められているのである。

そのような中、ボランティアと奉仕の関係に問題が生じた。具体的には「ボランティア」を訳したら「奉仕」、もしくは「奉仕」を横文字にすると「ボランティア」というような誤解された認識が広まったことである。

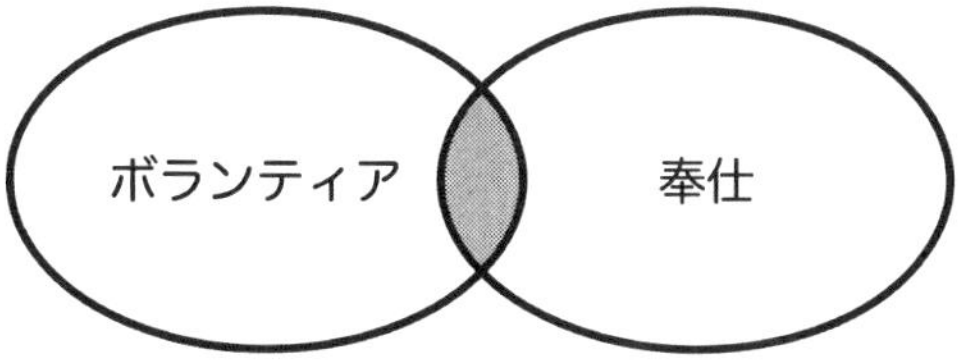

筆者作成

先ほどの相談者も、おそらく学校における教育の一環として奉仕に取り組んだのだろう。その後、大学で学びボランティア実践などで、経験を重ねる中で、奉仕とボランティアの線引きに試みたと推測するが、実際には重なるところもあり、白黒をつけることが難しいこともある。

奉仕に取り組む学生の中には強い意志を持って従事した者もいるだろう（この相談者もその一人と思われる）。だが、そのような本人の意思はどうであろうが（たとえイヤであっても）活動に動員されるのが奉仕である。

学校教育では、社会奉仕体験活動を行うことで、児童生徒に対して充実感や達成感を伝えたいのだろう。しかし、皮肉なことに「イヤだったけれども、やらければならないから参加した…」というような、いわゆる「やらされた感」の強い経験は、嫌な記憶として残りやすい。学校生活に限らず、誰にでもそんな経験がひとつやふたつはあると思う。

勤労と奉仕をあわせた「勤労奉仕」という言葉もあるが、肉体的な労働を伴う取り組みが奉仕と呼ばれる活動に多く、特に体を動かす活動が苦手な人には、あまりよいとはいえない印象を与えてしまうこともある。その結果、奉仕＝ボランティアといった誤った認識から、奉仕とボランティアのイメージについても良くも悪くも同じと感じてしてしまうという事態を生じさせることにつながりかねないのである。

だからといって筆者は、社会奉仕体験活動そのものを否定するつもりはない。

なぜならば、児童生徒を主体に丁寧にプログラムを組もうと、学校（教師）が努力している場合もあれば、ボランティアの「体験」であると割り切り、本来の自発的なボランティアとの違いを明確にして扱っている事例もあるためである（数多くの小中学校などで夏休み期間中に取り組まれている「夏のボランティア体験」もあくまで「体験」であると強調しており、わかりやすい一事例だろう）。

ボランティアは、繰り返し述べているとおり「自発性」を最も大事にしている。自らの「参加したい」という意思こそが大事であり、決して強制されるものではないことを改めて理解しておく必要がある。

とはいえ、奉仕とボランティアは重なりあうところもある。白黒はっきりできず、たとえグレーであったとしても、教育現場として大事なことは、奉仕・ボランティアをとおして児童生徒に何を伝えるかということではないだろうか。

ボランティアは自発的な活動として、活動者自らの気持ちを大事にする。例えば、小学生への学習支援を行うボランティアに参加する際、はじめる動機として「社会のために力になることがしたい」でもよいだろうし、「将来、小学校教諭を目指しているから子どもへ勉強を教える経験がしたい」であったとしてもそれは否定されるものではない。

活動をとおして、自らのやりたかったことを実現でき、相手のことも支えることができる。すなわち、支援関係は双方向であり互恵的ということもできるだろう。

これに対して奉仕は、自らの意思ではなく、相手に対して奉じる（ささげる）ものである。その関係性は「提供する側」から「される側」の一方通行の関係ともいえる。

このようにボランティアは奉仕以上に人と人との関係性（つながり）や、その個人の気持ちを大事にしているのである。

	ボランティア	奉仕
自発性（動機）	自発性が尊重される	自身の意思は関係なし（時に強制力を伴う）
無償性	経済的な報酬を求めない（但し交通費などは差し支えないのではないか）	全くの無報酬であることが多い（交通費なども自己負担）
利他性	相手を考えつつ、自らの動機ともつなげる「双方向型」 自分 ← 互恵的 → 相手	相手に尽くすことがすべて「一方通行型」 自分 → 相手

筆者作成

3 社会問題のとらえ方

①ニーズのある場面をキャッチする

ボランティアの定義を３つのキーワードをもとに考えてきたが、現場に行くとボランティアとは考えるものではなく「行動する」ことに重きをおくという人も多い。だからこそ学生として学生らしく考えを深めてもらいたい。

ここからはどういったことがボランティアなのかについて、わかりやすいように実践例も交えて考えてみたい。

ボランティアは、ニーズのある場面においてはじめて活動が発生する。海岸のゴミひろいボランティアを例にあげると、海岸に漂着・投棄されるゴミが溜まり、環境や衛生、景観などに影響を及ぼすなどした結果、人々が問題として意識し、解決を目指さなければ、活動はスタートしない。

ボランティアにおけるニーズを一言で表現すると「こまったり、悩んだりしている人や場面」ともいえ、ボランティアは、その解決にむけて取り組む活動のひとつだ。

そういったニーズをキャッチするために、「社会問題」についてアンテナを立てておくことが重要となる。

② 社会問題とは何か

学生に対し「社会問題をいくつかあげてみなさい」と問うと、少子問題・高齢問題・環境問題・ワーキングプア問題・差別問題・いじめ問題・不登校の問題・児童虐待問題…というようにそれぞれが思いつく社会問題がいくつもあげられる。

なぜその社会問題をとりあげたのか、理由を聞くと、「よく見聞きするから」を理由にあげる者が多く、特にSNS（Social Networking Service）の影響も大きいようである。

では、社会問題は何をもって社会問題というのだろうか。

政府や研究所などの公的機関が問題視して決めることなのだろうか。マスメディアが問題の解決を求めていることなのだろうか。それとも、社会に起因するものはすべて社会問題なのだろうか。

先にも上げた海岸のゴミ問題について、「問題と感じる人・考えている人」がいる一方で、むしろ「全く問題と感じていない人・考えていない人」もいる。

海岸の近くに住んでいる人や、海にかかわって生活をしている人、マリンスポーツが好きな人であれば、海岸のゴミは目につき必然的に気になるだろう。

しかし、そうではない人（例えば内陸部の山沿いに住み、海に行くことがない人）は、海岸のゴミ問題について意識的に情報を収集しなければ、そういった問題が発生していること自体を知らず、問題として意識することもないかもしれない。

すなわち、社会問題とは誰かが大号令をかけて決められるものではなく、社会の中で生じている事象に対して多くの人が共通した問題意識を持ったとき、はじめて社会問題として位置づけられるのである。

このように社会問題の根幹にあるのは「人々の意識」ともいえる。社会の中で生じている事象を多くの人に知ってもらうことは、問題解決にむけた第一歩であり、だからこそ一人一人が、社会に目を向けることは重要なのである。

何か解決したい事象が社会の中で生じたとする。そのことを社会問題として認識されるには多くの人々が、同じように社会問題として認識する必要がある。

そのため、啓発活動などをとおして、社会問題としての意識を広めることも、ボランティアの大事な活動の一つである。

社会問題は、個人の問題とは違い、社会全体でしか解決しえない問題であり、特徴でもある。

先ほどから何度も上げているゴミのポイ捨て問題も、一人がペットボトル1本捨てたからといってすぐに社会問題となるわけではない。ポイ捨てする人が増え、環境や衛生、景観などさまざまな視点からみてもゴミが散らかっている状況を人々が不快と感じるほどのレベルに達した段階で、多くの人々はようやく問題として認識する。

つまり、社会問題は小さなうちに解決できればよいが、なかなか理解や認識が広まらない。そのために、一人ひとりの意識を変えるところからはじまり、それが社会全体に広がることで、ポイ捨てする人が減り、解決につながるのである。

このようにあなたがポイ捨てをやめるだけではなく、一人、また一人と多くの人が意識的にポイ捨てをやめなければ解決しえない問題が社会問題であるともいえる。

ここまでゴミのポイ捨て問題を例に考えてきたが、社会問題化するための要件を整理すると、①その脅威がわかりやすく、かつ社会的対応を必要とする問題であると一般の人々に認識され、しかも、②その問題に解決可能性が見いだせることの2点をあげることができる。(10)

社会問題を考える上でもうひとつ難しいのが、社会問題の発生源はひとつではなく、複数・複雑であり、そのために解決策（方法）も、これをすればすぐに万事解決するといった特効薬がないこともあげることができる。

しつこくゴミのポイ捨て問題をとりあげるが、ゴミをポイ捨てしないように呼び掛ける活動によって解決を目指す方法も考えられるが、そもそも「ゴミ」となり得るものをつくらない方法、気軽に「ポイ捨て」してしまうものを持ち歩かない、もしくは購入しないといった方法も活動の選択肢にあげられる。

このように解決の方法はひとつではなく、実に多様な解決策がある。

シンガポールのように罰金刑を設けることによってポイ捨てを抑制することも抑止効果も含めた解決策のひとつであるだろうし、住民が街を徹底的にきれいにして心理的にゴミを「捨てにくい」街にすることも策だ

10　田中理絵、2011「社会問題としての児童虐待」『教育社会学研究』88：125.

ろう。このように社会全体の問題は解決策がひとつではないことも特徴であり、悩みでもあるが、ボランティアとして実践しがいもある。

我が国では近年、海外からの漂着するゴミが課題となっている。もはや国内だけの問題ではない。ローカルでありながらグローバルな社会問題でもある。このように、ゴミ問題ひとつあげても書ききれないほどの問題があり、それ以上に無数の解決策があるのである。

しかしながら解決可能性が見いだせない課題は、人々にとってイメージがしにくい。解決された姿・解決するための行動がイメージできないと、社会の問題として意識されにくいともいえる。

社会問題とは現状の社会と理想の社会とのギャップともいうことができるだろう。このギャップを埋めるためにボランティアとして活動するのである。

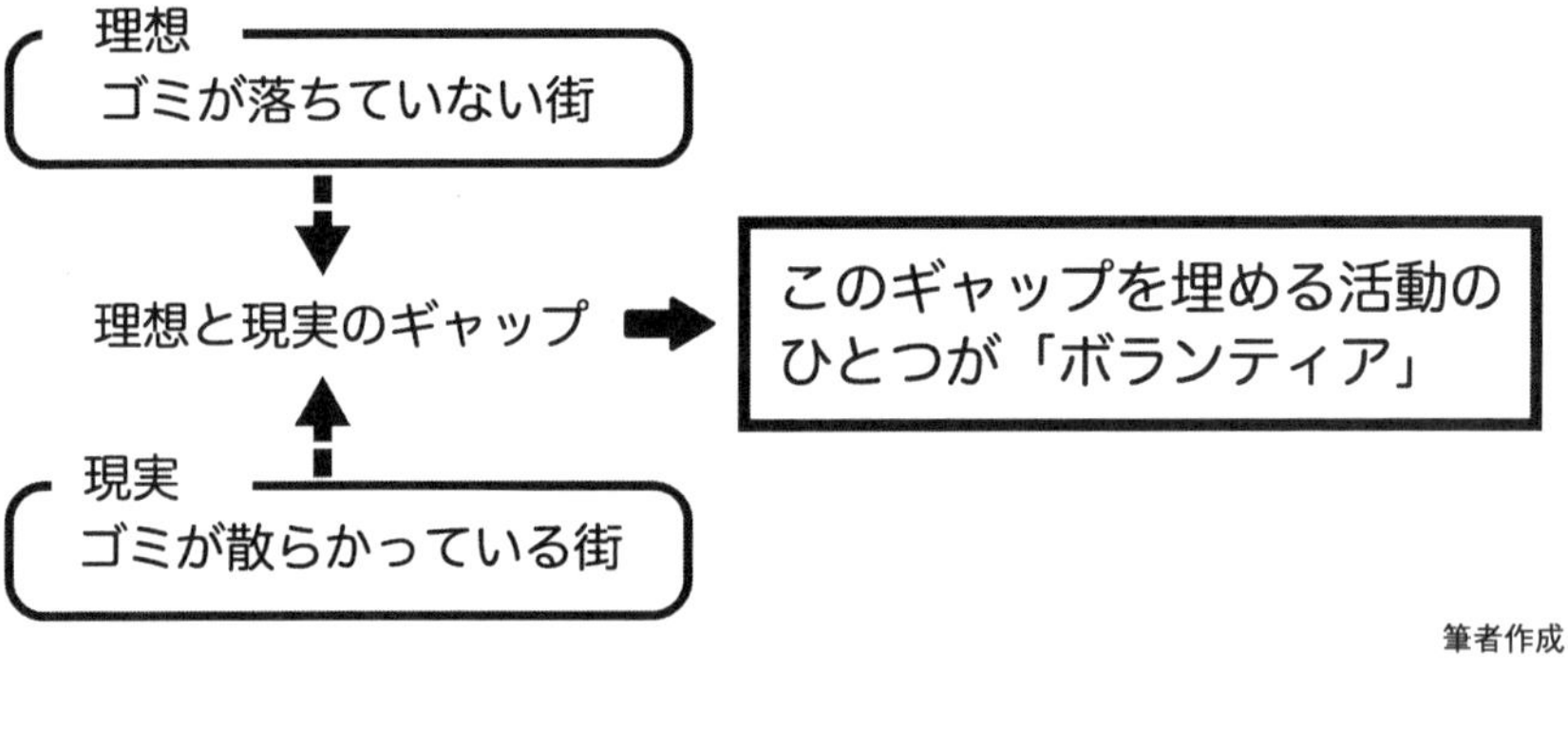
理想
ゴミが落ちていない街
理想と現実のギャップ
現実
ゴミが散らかっている街
このギャップを埋める活動のひとつが「ボランティア」

筆者作成

第2章

ボランティアとして活動をはじめる

1 何をやってみたいかを整理してみよう

よく学生から「どういったボランティアがありますか？」と質問がある。間髪入れずその学生に質問することは「どんなことに興味がある？関心がある？」ということだ。

まず、自分自身がどういったことをやってみたいか、素直になって正直な気持ちと向き合ってほしい。ボランティアは「自発性」に重きを置き、自身の「やりたい！」や「やってみたい！」を実践し、とことん楽しむ活動だからである。

とはいえ、考えやすいようにいくつかのカテゴリー(1)にわけたものとして、次のようなものがあげられる。

①国際協力
②環境
③人権・平和
④地域・まち・居場所づくり
⑤災害・被災地
⑥スポーツ
⑦音楽・アート・芸能
⑧子ども

⑨子育て・ひとり親支援
⑩不登校・ひきこもり
⑪高齢者
⑫LGBT・セクシュアルマイノリティ
⑬障がい者
⑭医療・疾病・難病
⑮外国人・多文化共生
⑯貧困・路上生活
⑰いじめ・暴力・被害
⑱マイノリティ・さまざまな人への支援
⑲セルフヘルプグループ・自助グループ
⑳相談・カウンセリング
㉑ボランティア・NPO支援
㉒その他

ここではその他を含めて22の分野をあげたが、関心のある社会問題が必ずしも一致するとは限らず、あえ

1 東京都ボランティア市民活動センター「ボラ市民ウェブ」（2020年8月15日取得，https://www.tvac.or.jp/）における「活動テーマ」区分を参考にした。

て一つに絞り込むこともない。時には重なるような案件もあれば、カテゴリーの狭間にあるような案件もあるだろう。

次に、社会問題に対して実際にどのような活動を行うのか「活動の形式」を考えたい。ボランティアの形式はさまざまだが、大きく分けて2つの形式にわけることができる。

①直接的な活動を行う

例) 災害時のがれきの撤去、森林の間伐、道路に花を植える　など

②間接的な活動を行う

例) 寄附(金銭・物品)、社会問題の啓発活動、献血の呼びかけ　など

この2つの形式(直接的なアプローチ、間接的なアプローチ)は、どちらの活動も欠かすことのできない重要な活動である。

間接的な形式で直接的な活動を応援する、いわば「ボランティアを支えるボランティア」も存在する。ボランティアのグループが円滑に活動できるように運営をサポートしたり、グループのホームページをつくったりといった陰ながらにグループの活動を支えるボランティアも、ボランティアのひとつである。

近年はボランティアの新たな形として「プロボノ」が広がりをみせている。プロボノは、ラテン語で「公共善のために」を意味する「Pro bono publico」の略であり、「社会的・公共的な目的のために、自らの職業を通じ

て培ったスキルや知識を提供するボランティア活動」のことである。

プロボノには、プロのデザイナーとして働く人がボランティア募集のチラシをつくる。水泳を得意とする人が障がい者スポーツの水泳競技においてサポーターとなるなど、活動者自身の専門性や強みを活かして取り組むなどの事例がある。

これに学生を当てはめてみると、例えば理工学部で学ぶ学生が子どもたちの理科の実験教室のアシスタントを行う。吹奏楽部の学生が高齢者施設へ訪問し演奏会を行う。サッカー部の学生が少年サッカー大会の運営補助を行うなどといったことも一つのボランティアである。

高度な専門性をもったプロとまではいかなくとも、自身の能力や趣味を生かした学生のボランティアならではといった活動があってもよいのではないか。

2　嵯峨生馬、2011、『プロボノ 新しい社会貢献 新しい働き方』勁草書房、24

■ ボランティアの例

国際協力	【直接支援】海外に学校をつくる、在日外国人の子どもたちに勉強を教える　など 【間接支援】手続きガイドなどの翻訳、書き損じはがきなどの回収（海外支援団体を通して現地活動にいかされる）　など
子ども	【直接支援】子どもの遊びを支える（プレーパークや児童館など）・学習支援やフリースクールなど 【間接支援】子どもへの虐待防止啓発活動（オレンジリボン運動）、奨学金への寄附など
環境	【直接支援】公園のゴミひろい、森林の保全ボランティア　など 【間接支援】情報発信、乱開発を防ぐ寄附などに参加
特技を活用して	スポーツが得意な学生…少年チームなどのサポーター、障がい者スポーツボランティアなど（例えばサッカーはパラリンピック正式競技のひとつに５人制サッカーと呼ばれる視覚障がいのある選手を対象とするブラインドサッカーがある） 芸術を学ぶ・好きな学生…美術館や博物館のガイドボランティア、子ども劇場（おやこ劇場）などスタッフボランティア

筆者作成

2 活動を具体的に考えよう

ボランティアとして「なにをするか」がイメージできたら、次にボランティアの活動に、「いつ」「どこで」活動するのかを考えてみてほしい。

「いつ」とは、活動することができる時間や頻度のことである。あまりゆとりのない予定を組むと無理が生じかねない。多少余裕のある予定を考慮してみてほしい。

「どこで」とは、ボランティアとして活動を行う場所のことである。

単発で行われるイベントなどの運営ボランティアであれば、継続的活動ではない（もしくは頻度が高くない）かもしれない。

しかし、長期的もしくは継続的な活動で、例えば週1～2日の頻度で活動場所などへ赴き定期的に活動する場合は、場所の選択を適切に行わないと負担と感じやすい。

「いつ」にも影響するが、自宅周辺のほかに、例えば学生の場合は大学やアルバイト先の周辺地域、社会人の場合は職場の近くを選択することもひとつだろう。

経済的負担を軽減するために自転車などで通える場所を選ぶことも検討できる。こういったことは遠慮することなく十分に考慮して活動先を探してほしい。

ボランティアは自由な選択ができる活動であり、なるべく負担感を減らすことも意識して、活動することもできる。

最初から限定的に考えるのではなく、柔軟に幅広く考えてみてはいかがだろうか。

① 身の回りの身近なところから活動をはじめる

ボランティアの活動は必ずしも集団・グループで活動する必要はなく、個人で身近なところからスタートできることも特徴としてあげることができる。

例えば、帰り道に最寄り駅から自宅までを歩きながら、気になったゴミを拾って帰ってくる。ということもボランティアの一つの活動だ。

何も突として毎日せずとも、週に1度だけ、晴れている日に限ってもよい。最初から欲張りすぎることなく、できることから、できる範囲で楽しく活動することは長く続ける秘訣でもある。

間接的に取り組む方法もある。よく知られている社会貢献の形として寄附があるが、買い物をしたときに自発的にワンコイン寄附することもボランティアのはじめの一歩である。

最近はコンビニエンスストアなどで付与されるポイントを寄附に充当するシステムも普及しているほか、寄附付きの商品を選択し、購入することも気軽にできる活動の一つだろう。

WEBサイト上で寄附付き商品やフェアトレードなどの商品・サービスを紹介しているサービスもあるの

で是非検索をしてみて欲しい。

代表的な事例として、チョコレートを一つ使うと10円が寄附される商品がある。台風で大きな被害のあった地域や、チョコレート製造に必要なカカオの生産地であるガーナ共和国の村へ売上の一部が寄附される仕組みだ。

今回取り上げた事例はチョコレートであったが、同様の仕組みを用いて、身近なアイテムを購入するだけで寄附に、すなわち社会貢献へつながっている事例が増えてきている。

普段の何気ない買い物が社会貢献につながるため、購入者にとっては大きな負担は感じにくいといった魅力がある。

また、社会で生じている問題が商品梱包（パッケージ）に印刷されているため、社会問題に対する意識を広めることができる（啓発効果ともいえる）。

今後、消費者の社会貢献に対する志向が高まれば同様の商品（いわゆる「寄附付き商品」）がますます増え、自らの意思で商品を選ぶだけではなく、売上の寄附先によって商品を選択することがあたりまえのようになる時代がくるかもしれない。

② ボランティア団体が募集する活動に参加する

全国各地で、同じ問題意識をもったボランティアどうしが集い、活動団体を結成している。全国社会福祉

協議会がまとめた調査によると、２０１８年4月現在で１７７，０２８団体が活動している。(3

それぞれのボランティア団体の募集情報は、自らアクセスして得る必要がある。そのため、まずはインターネットを用いて情報を検索することをおすすめしたい。

次に、参考となるボランティア募集情報を集約しているサービスを紹介する(順不同)。

①「activo」https://activo.jp/

②「ボラ市民ウェブ」https://www.tvac.or.jp/

③「Yahoo！ボランティア」https://volunteer.yahoo.co.jp/

インターネットには、規模の大きい団体や、大人数のボランティアを募集する情報が比較的多く掲載されている。他方、地域に根差した活動や、ボランティア募集人数が少ない場合、また、募集地域や対象者を限定している場合などは掲載されない(あえてしない)ことが多い。

そういった活動の情報は、市区町村ごとに設置されている社会福祉協議会が主に運営している「ボランティアセンター」や「市民活動センター」などで情報集約し公開に努めている。

また図書館のほか、公民館やコミュニティセンターといった地域の社会教育施設にも募集のチラシなどが配架されていることが多い。

そのほかに、大学が学内に設置する「大学ボランティアセンター」にも多くの募集が寄せられている。同センターには、「学生向け」に特化した、ボランティア関連情報が集約されている。

同センターや類似する機関・施設などが設置されている大学で学ぶ学生には、ぜひ活用してもらいたい。

③ 養成講座や研修会に参加してみる

ボランティアとして必要なスキルを身につけることで安心して活動に取り組めることもある。

特にボランティアは対人活動が多いことが特徴の一つにあげられる。活動によってはチームでの活動が必要であるなど、コミュニケーションは欠かすことができない。

そのため、ボランティアとしてのコミュニケーションのとりかたなどを理解するため「ボランティア養成講座」や「研修会」などが各地で展開されている。

学習支援ボランティアなどの場合は、活動先の子どもたちがおかれている状況を把握しておくことも必要であるし、子どもたちとの接し方についてレクチャーを受けることもある。

近年、国際的なスポーツ大会を契機にして注目されているスポーツボランティアの場合は、チームでの活動が多いためコミュニケーションスキルや、熱中症など健康管理のための講座なども行われている。

このように養成講座や研修会に参加することで、ボランティアとしてどういったことを身につけなければならないかを知ることもできる。

メリットはそれだけではない。副産物かもしれないが、同じテーマの養成講座や研修会に参加する受講者は、似たような志をもって取り組もうとしている。そのため、新たな交友関係もつくりやすく、仲間づくり

---

3 全国社会福祉協議会地域福祉部／全国ボランティア・市民活動振興センター、2019、「ボランティア人数の現況及び推移」、地域福祉・ボランティア情報ネットワークホームページ（2020年11月8日取得，https://www.zcwvc.net/）.

にもつながることもメリットだろう。

講座や研修の修了者に限定して、ボランティア先の紹介も行う団体もある。養成講座や研修会に参加をすることがボランティアの第一歩に直接つながることもある。

④ 体験学習やスタディツアーに参加する

社会の状況を見聞きし、時には体験することをとおして理解をすることがボランティアの活動につながることもある。

体験学習やスタディツアーは、自らの目でみて肌で感じることをとおして考えるきっかけを与え、社会問題解決のために多くの気づきを得るといった大きな意義がある。

学生にも関心の高い海外でのボランティアについても、海外スタディツアーを、ＮＧＯ（Non-governmental organizations。非政府組織のことであるが、日本では国際的に取り組む非営利組織を指すことが多い）や旅行会社などが提供し、パッケージ化されたサービスがある。

はじめての海外や、ひとりの場合でも、比較的安心して現地を訪問することができることから、このようなサービスを活用してみることも選択肢の一つとして考えられるのではないだろうか。

3 相談する

ボランティアは、活動する自分自身の想いと、相手とのニーズがマッチし、双方が理解しあうことで双方向型の活動が実現する。

このマッチングをサポートするのが「ボランティアコーディネーター」と呼ばれる専門職である。ボランティアコーディネーターの全国的なネットワーク組織である認定特定非営利活動法人日本ボランティアコーディネーター協会は、ボランティアコーディネーターを次のように定義している。

> ボランティアコーディネーターとは、ボランティア活動を理解してその意義を認め、その活動のプロセスで多様な人や組織が対等な関係でつながり、新たな力を生み出せるように調整することにより、一人ひとりが市民社会づくりに参加することを可能にするというボランティアコーディネーションの役割を、仕事として担っている人材（スタッフ）のことをいう。

引用：早瀬昇・筒井のり子、2017、「ボランティアコーディネーションカ第2版」中央法規、153

ボランティアコーディネーターに、求められる役割のなかで特に「つなぐ」役割は中心的な位置づけとされ、その中にはボランティアとして活動を希望する人と、ボランティアを募集している人をつなぐ役割も含まれている。

多くのボランティアセンターには、ボランティアコーディネーターや同様の業務を行っているスタッフがいるため、ぜひ気軽に相談してほしい。

第3章

ボランティアの活動ポイント

1 まずはボランティア保険に入ろう

いよいよボランティアとして活動を実際にはじめる段階に進んだ際に、真っ先に行うべきは「ボランティア保険」への加入である。

ボランティア保険とは、国内におけるボランティア活動中に発生した自身のケガのほか、相手をケガさせたり物を誤って壊してしまった場合などの補償をする保険であり、社会福祉協議会などで加入手続きを行うことができる。

ボランティア保険の細かな諸条件は加入する地域や募集年度などによって異なるため、ここでは東京都社会福祉協議会が窓口となっている令和2（2020）年度ボランティア保険を事例にとりあげる。[1]

ボランティア中、どういったケガを生じてしまうかわからない。ボランティア活動中の「よくある事故」として紹介されているのが、道路上の段差につまずいたなどの「転倒事故」や、歩道を走行中に通行人と接触し、転倒させてしまうなどの「自転車事故」のほか、「作業中の事故」として屋外で長時間作業し、熱中症になってしまったなどの事例、片付け中に台車をぶつけて、ガラスを破損したなどの「賠償事故」が事例にあげられている。

もちろん、事故防止に努めなければならないが、どんなに注意をしていても多かれ少なかれトラブルが発生することは現実としてあり、万が一のために保険には入っておきたい。

加入手続きは、（社会福祉協議会などで配付している）必要書類を記入し、保険料とともに窓口などで申し込みの手続きを行う。

保険料は加入する地域や募集年度などによって異なるが、令和２（２０２０）年度の東京都社会福祉協議会の場合は、１人あたり３００円～加入でき、地震や噴火、津波によるケガも補償される天災コースは６００円～合計６つのプランが設定されている。

保険期間は毎年4月1日～翌年3月31日迄の1年間（途中で入っても3月31日まで）であり、1度入ればその年度中の活動が補償され、多くの場合は加入手続きが完了した翌日から補償がはじまる。

そのため、活動を行う前日までには遅くとも加入しておきたいが、内容によっては活動のための学習会または会議なども含むことや、活動先との通常の往復経路も対象（自宅を出たときから、自宅に戻るまで）も対象となるため、活動をすることが決まっている場合などは、4月1日以降早い段階で加入しておくことを勧めたい。

なお、ボランティア保険に関する情報は日々変化しており、地域や加入する年度によって条件などが異なるため、加入手続きにあたっては必ず詳細を社会福祉協議会や所定の相談窓口で確認すること。

活動先によっては、ボランティアとして活動する者を全員一括して加入する場合もある。特に団体などで活動する場合には団体側にも相談や確認をするとよいだろう。

1　社会福祉法人東京都社会福祉協議会「令和2年度ボランティア保険のご案内」（２０２０年8月27日取得，http://www.tokyo-fk.com/volunteer/document/V1-volunteer2020.pdf）.

2 ボランティアの活動ルール

ボランティアは活動する人の意思が最大限尊重される。活動する・しないも含め、自分の意志で自由に選択することができることもボランティアの特徴である。

自由だからといって無責任でよいということではなく、最低限のルールのもと、むしろ意識的に責任を持って取り組む必要がある。

一例として「ボランティアの活動ルール」として以下の10項目を示したい。

ボランティアとして活動する際に過度にルールを意識する必要は

■ ボランティアの活動ルール

ボランティア活動は、有償・無償を問わず責任を伴う活動です。相手に迷惑かけずに、無理なく続けるために以下のことを気をつけておきましょう。

1. 無理のないスケジュールで活動しましょう。
2. 善意の押し売りにならないように、相手の理解に努めましょう。
3. 約束や秘密を守りましょう。
4. 積極的に、かつ謙虚に振舞いましょう。
5. 自分でできること・できないことを整理し、けじめのある行動をしましょう。
6. 家族や職場の理解と協力を得た上で活動しましょう。
7. 安全面にも気配りして活動しましょう。
8. 学ぶ姿勢を忘れないようにしましょう。
9. 活動の記録を取りましょう。
10. 仲間を増やしましょう。

筆者作成

ない。しかし、ごく一般的で常識的なルールをわきまえて行動する必要があるということも、あわせて忘れてはならないことである。

ここからは、ボランティアの活動ルールに、沿った形で、筆者オリジナルの解説を交えて考えていくことにする。

1. 無理のないスケジュールで活動しましょう。

ボランティアは活動者と相手との関係性が「双方向」だからこそ相手との信頼関係を大切にしたい。信頼関係を築く上で、まずは約束したことを守るのは当然である。活動をはじめる際には、約束した時間に行くことは基本的なことであり、ボランティアに限ったことではない。

体調不良などによる突然のキャンセルもなるべく避けたい。時にはやむを得ない事情もあるが、そのような時、その予定に無理がなかったのか、といった原因などを振り返り、再発を防ぐことも大事である。

学生であれば授業やアルバイトが重なり、なかなか身体を休める日がないこともあるだろう。そのようなとき、無理にボランティアに取り組むことは勧めない。

勘違いしてほしくないのが、「活動すべきではない」ということではないことである。自身の状況を踏まえて「工夫する」ということも、あわせて学んでほしい。

例えば、活動先へのアクセス（大学や自宅との距離など）や、時間帯（授業などに無理のないか）・頻度のほか、内容や方法（オンラインで取り組むことが可能なボランティアも普及してきた）を見直すなど、工夫次第で活動に取り組むことができるかもしれない。

2. 善意の押し売りにならないように、相手の理解に努めましょう。

ボランティアとして活動をはじめたころは、緊張感もあり相手のことやボランティア仲間の先輩の話などをしっかり聞きながら一つ一つの活動に取り組むことが多い。

継続的に取り組み、活動にだんだんと慣れてきたころ、これがよいと思うからやってあげよう！という一方的な感情が湧き「自分がしてあげたいからしてあげる」という善意の押し売りともいうべき行動を無意識のうちにとっていることもある。

ボランティアは、相手が望んでいること（ニーズ）を的確に把握し、理解しようとすることに努めなければならない。そのためにも丁寧なコミュニケーションは欠かすことができないだろう。

むろん、よりよくするために、活動の提案はボランティアの活動者として行ってほしいが、一方的にならないよう、コミュニケーションは必須である。お互いさまの関係であること（やってあげる・やってもらうの関係ではない）を常に心がけたい。

3. 約束や秘密を守りましょう。

実際に活動をしていると、他者の個人情報やプライバシーに関する情報を得る場面に遭遇する。

対人活動が中心のボランティアであれば、相手や仲間のことを知らずには活動できないことから、より多くの情報を扱うこともあるため、特に細心の注意を払うことが求められる。

活動中に知り得た個人情報や、個人を特定するような情報をみだりに口外してはならない。これを「守秘義務」という。

近ごろ、特に学生を含む若者による「バイトテロ」と呼ばれる悪質な行為が大きな問題となっている。バイトテロとは、アルバイトなどとして雇用されたスタッフが、悪意の有無にかかわらず、いたずら・悪ふざけをしたものをＳＮＳ（social networking service）や動画投稿サイトに投稿し、インターネットの特性上収拾がつかなくなってしまう状態（いわゆる「炎上」）が問題となることである。

このバイトテロは、ボランティアであっても同じことが起こり得る。バイトテロは「バイト」と「テロ」をあわせた造語だが、アルバイトに限った話ではなく、ボランティアにおいても注意をしなければならないことは同じである。

スマートフォンなどのカメラ機能も含め、写真や動画を撮影する際には、相手に確認をするだけではなく、その写真をＳＮＳに掲載したい場合には、そのことも含めて許諾を得ることも忘れてはならない。写真だけではなく、音声や発言、見聞きしたことは相手にもかかわる情報であり、慎重に扱わなければならない。

信頼関係を築く上でも、どんな小さなことであっても約束は守ること。特に個人情報やプライバシーにかかわることに注意が必要だ。

4．積極的に、かつ謙虚に振舞いましょう。

ボランティアとして現場に入ったとき、まず挨拶をすることから活動がはじまる。挨拶はコミュニケーションのはじまりであり、「おはようございます」は、わずか3秒ほどしかないかもしれないが、相手との最初の接点になるということを忘れてはならない。

ボランティアは「やりたい！」という自発的な気持ちがきっかけであり、緊張しつつも何か期待を胸にしている。緊張をほぐす上でも、お互いに積極的に挨拶をしよう。

挨拶を終え、実際に活動がはじまると、どれだけ積極的に動くことができるかがボランティアの楽しさや期待していた成果に直結する。

わからないことがあれば、「積極的に質問をする」ということも要となる。わからないことを勝手に判断して済ませてしまうと、思わぬ事故やケガやトラブルに巻き込まれる可能性も高まる。

積極的な気持ちや行動はボランティアとして必要なことであるが、勘違いしてはならないのが「やってあげる」ではないということである。

ボランティアとして「やってあげる・やってもらう」ではなく、お互いさまの関係である以上、相手とは対等な関係つくっていくことがお互いに心地のよい関係となる。

そのためにも、常に謙虚な姿勢で臨むことに心がけたい。謙虚さを身につける最大のポイントは相手への思いやりと、感謝する気持ちを常に忘れないことである。わかりやすく言うならば「ありがとう」の気持ちである。

5．自分でできること・できないことを整理し、けじめのある行動をしましょう。

積極的に活動をしている人であればあるほど、活動の幅が広がり、さまざまなことを頼まれることがある。

そこで、少しばかり、ボランティアとして活動をしているイメージをしてほしい。

高齢者福祉施設で利用者とお話をする「傾聴ボランティア」として活動をしているとしよう。あなたは介護経験などもなく、活動では「人生の先輩方とお話をすること」をボランティアとして取り組んでいる。

ちょうど昼食の準備に差し掛かろうとした際、介護職員から利用者の食事を介助してほしいと突然の依頼があった。

…あなたは、介護職員からの依頼を引き受けるべきであろうか。

どのように回答するか正解はない。しかし、安易に回答するのではなく、自分でできること・できないことをしっかりと整理してみてほしい。

ボランティアは必ずしもその分野の専門職ではない。学生であれば、学んでいる途中であったりすることがほとんどであろう。依頼を受けたからといって「なんでもやります！」と安易な回答することを避けることも必要である。

こういった事態を避けるために、事前に活動先などに対して、自分になにができて・なにができないのかを適切に伝えておくこともポイントである。

先の事例のような場合であれば前もって「介護経験は全くない」と伝えることで、お互いに理解し、こういった事態を避けることもできる。

できないことを伝えるだけではなく、できることもしっかり伝えておくことで、あなた自身も活動をより楽しむことができる。

「お話をすることしかできません」ではなく、「将棋だったらできます」「小さいころから演歌が好きなのです」など、できることや得意なこともあわせて伝えることも忘れずにしておきたい。

なお、高齢者福祉施設におけるボランティアを事例にしたが、あくまでもわかりやすくイメージをしてもらうための仮説事例であり、実際の高齢者福祉施設では介護職員が専門的な介護技術などをもって介護に従事していることを誤解なきよう補足しておく。

6. 家族や職場の理解と協力を得た上で活動しましょう。

ボランティアは「やりたい！」という気持ちを重視していることもあり、多くの人は活動をとおして何らかのやりがいを感じるだろう。

しかし、個人の「やりがい」だけでは活動は継続できず、活動を続けるには、家族や職場の理解や支えがなくてはならない。

学生であれば学業との両立、社会人であれば仕事や家庭との両立を考えると、活動する時間や場所を十分に考慮することも必要である。

それだけではなく新型コロナウイルス感染症（COVID-19）の対策によって急激に広まった在宅ワークの普及・働き方の変化により「在宅ボランティア」のようなリモートで活動するボランティアも普及してきている。

メリハリをつけ、学業、仕事、家事などが疎かにならぬよう努め、家族や職場の理解と協力を得られるようにしたい。

そのためにも、まずは身の回りの小さなことから活動をはじめ、自身の足元を固めながら活動の幅を広げていくといった段階を踏むことも大切だろう。

7. 安全面にも気配りして活動しましょう。

ボランティアとして現場に入る際には、ボランティア保険への加入をすることは先に伝えたとおりであるが、保険は万が一のためのものであり、ケガや事故なく、保険を使わないに越したことはない。

そのためにもまずは、体調を万全に整えたうえで参加してほしい。また、活動中にケガ・体調を崩さないためにも、服装や持ち物など「準備」にも意識を向ける必要がある。

真夏の屋外活動などでは、半袖など涼しい服装で行きたくなるが、災害ボランティアの現場など、活動先や内容によっては安全のために「長袖」の着用を求められることもある。あわせて、熱中症対策のためにも飲み物の持参が欠かせない。

ボランティアの参加に際しては、募集要項や事前連絡などで知らされる服装や持ち物などを必ず確認し、必要に応じて事前に相談をしてほしい。

また、自身だけではなく、相手を傷つけないということにも意識を向けたい。災害ボランティアとしてスコップを使って泥を掻き出す作業であれば、周囲に人がいないかなどの気配りや、近くを通るときは「通ります！」とお互いに声を掛け合うなど、お互いが安全に活動できるように工夫をすることが大事である。

多くのケガや体調不良のトラブルは、そういった小さな工夫や声がけ、ちょっとした意識次第で防ぐこともできる。ボランティアとして活動を楽しむためにも、また充実させるためにも、安全面には十分に配慮をしたい。

8. 学ぶ姿勢を忘れないようにしましょう。

ボランティアは、一方的な善意の押しつけではなく、相手との双方向型の活動であり、相手から学ぶという姿勢や心構えが不可欠である。

相手のことを理解しようと努めること、必要に応じてたずねることも必要である。どのようなボランティアであっても学ぶことは大いにある。

活動先を理解するために、団体などによってはボランティア募集説明会などを開催している。そのような機会に出席することも方法の一つである。

募集説明会では、代表者や担当者から、団体の目的やボランティアのみなさんと取り組みたい内容などを直接確認することができる機会を設けている。

このような募集説明会や、団体主催の研修会への参加は、活動の概要のみならず、活動団体の運営者がどういう思いで活動をしているのか直接確認することで、理解を深めることができ、相手のニーズを的確につかむことにつながる。

また、ボランティアとしてさまざまな知識やスキルを身につけるということも、学び続ける一つであり、大切な姿勢である。

あわせて、対人活動が多いというボランティアの特性を踏まえると、人の生命に係わる心肺蘇生やＡＥＤ（自動体外式除細動器）など緊急対応・応急手当については定期的に学ぶことで、いざとなったときに備えておきたい。

■各消防署が行っている講習[2]

普通救命講習…心肺蘇生やＡＥＤ、異物除去、止血法などを学ぶ

【問い合わせ先】各消防署

■日本赤十字社が行っている講習

基礎講習…傷病者の観察の仕方および一次救命処置（心肺蘇生、ＡＥＤを用いた除細動、気道異物除去）などの救急法の基礎を学ぶ

救急員養成講習…急病の手当、ケガの手当（止血、包帯、固定）、搬送および救護などを学ぶ

【問い合わせ先】日本赤十字社が都道府県ごとに設置している各支部

加えて、学生には相手から学ぶこと、ボランティアとしてのスキルアップに加えて、その活動の背景にある社会問題の理解を深めていくことにも取り組んでほしい。

大学で学ぶ立場であるメリットを最大限生かして、活動希望の分野・領域を専門的に研究している教員に話を聞くこともよいだろうし、社会問題について図書館などで調べてみることもできるだろう。実践を理論

2　ここでは東京消防庁ＷＥＢサイト「救命講習のご案内」を参考にした（２０２０年7月21日取得，https://www.tfd.metro.tokyo.lg.jp/lfe/kyuu-adv/life01-1.htm）.

的にまとめてみることで新たな課題が見えてくるかもしれない。

9．活動の記録を取りましょう。

ボランティアとして、相手のニーズに適切に応え、自分自身の充実感も高めるためには、活動を点検することも忘れてはならない。

日々の活動を終えた後、口頭での「振り返り」は、その時の活動をその場で速やかに振り返るには適しているが、実施方法によっては、記録として残りにくい。

そのため、手元のメモや手帳などに、気になったことを文字にして残すこともよいだろう。議事録ではないのだから、要点や気になったこと・あとから調べてみたいことをワードだけでもよい。少しでもメモをしておくと、帰宅後に自身で振り返ることができるし、必要に応じてノートなどにまとめ直すこともできる。

また、実務的にも記録を残すことは重要な意味がある。万が一の事故やトラブルの発生時は、それが重要な記録となるだけではなく、ボランティア保険の申請を行う時には詳細な状況を伝えなければならないからである。

詳細な状況を伝えるには、その時の状況を的確に記録しておくことが求められる。小さなことであっても忘れないようにメモをしておきたい。

あわせて注意したいのが、特に対人活動を伴う際にメモを取る場面である。仮に、目の前で自分のことを誰かにメモされているという場面を想像してほしい…あまり気持ちのよいことではないだろう。それは相手にとっても同じことである。

活動先によっては、スタッフ以外の他者の前でメモをとることを控えるように指示がある場合もある。許可を得ている場合でも、相手のことを十分に考慮し「メモをとってもよいですか」などと声がけをすることで、同意を得ておきたい。

活動の記録は、今後の活動の指針として考える材料だけではなく、実務的にも、そして学びのためにも大いに意義があることである。

活動時の携帯品にはメモ帳・ボールペンを忘れずに。

10. 仲間を増やしましょう。

ボランティアの魅力のひとつに、普段かかわる人とは違った、活動先での新たな出会いがある。ボランティアとして活動する人は、老若男女問わず構成され、それぞれの異なる価値観や様々なバックグラウンドを持つ人々が、それぞれの思いをもって集う。

その人の日常の生活や職場などでの立場がどうであれ、職場にあるような上司や部下などといった上下の関係もなく、横ならびの人間関係の中で活動し、時にチームをつくり活動を行うのである。

そこに参加する全員にいえることは「同じ目標」に向かっているということである。子ども虐待を防止する活動であれば、ともに活動をしている仲間全員が「子ども虐待をなくしたい」という強い気持ちがあって自発的に参加している。

自発的なボランティアだからこその特徴の一つであるが、最も大切なことであり最大ともいうべき共通点が全員にあるのである。この共通の目的・目標を「ミッション」ともいう。

仲間を大切にして、そのつながりをどんどん広げていくことは、あなた自身の解決したいことにもつながるかもしれない。

そしてその仲間は、「同じ志」をもっているからこそ、あなた自身にとってかけがえのない大事なつながりをつくることになるだろう。

ここからは少しばかり、余談も交えて現場の様子を紹介したい。

ボランティアに友人を誘って参加すること自体は歓迎することであるが、活動先で友人どうし集まって話をしているという場面をたまに見ることがある。そのようなときは「遊びに来たの？」「ボランティアにきたの？」と問いたくもなる。

一言でいえば「もったいない」に尽きる。機会損失とはこのことである。せっかく多くの人と知り合う機会が目の前にあるのだ。貴重なチャンスを活かさない損失は計り知れない。ボランティアの楽しさをせっかくならば思い切り体感してほしい。

ここまでボランティアとして活動をする上で必要なルールを10つのポイントから考えてきたが、これらを守れば活動が必ず成功するわけではなく、むしろ最低限のルールに過ぎない。

ボランティアは自発性・主体性が重んじられる活動である。すなわち、ボランティアとして活動に参加するあなた次第で、活動を楽しむこともできれば、残念な結果にもなるということでもある。

そして、その評価は他者ではなく、あなた自身が行うのである。「こうでなければならない」といった指標もなく、「やってよかった」、「楽しかった」と感じるといった評価は、活動した本人のものさしでしか測りえないのだ。

3 ボランティアとしてのマナー

ボランティアとして共に活動する仲間は、それぞれ何らかの考えや意識があり「ボランティアとして活動する！」という意思をもって参加している。

そのきっかけは一人ひとり違うかもしれないが、海岸清掃のボランティアならば「きれいな海岸にしたい」という志は、参加しているボランティア全員が同じであるだろう。

海岸をきれいにしようと思わないものは、わざわざボランティアとして参加することは考えにくい。

しかし、「きれいな海岸にしたい」という大きな共通の志があったとしても各々その考えに至った経緯や、目指している理想像、ボランティアに参加している目的などは異なっている。バックグラウンドが違い、それぞれが自発的に取り組むボランティアであるから当然である。

ボランティアは、そういった一人ひとりの思いをお互いに尊重し大切にする。ボランティアとして意識しておきたい特徴的なマナーともいえる。

ここからはやや一般的なマナーも交えるが、「挨拶」をすることを特筆すべきこととしてあげておきたい。

挨拶とは、相手に敬意を表する行為であると同時に、お互いに気持ちよく活動をするための行為でもある。特に一日のスタート時に「おはようございます！」や「よろしくお願いします！」と元気に挨拶ができると、相手に与える印象も大きく変わるだろう。

なぜそんな「基本中の基本なこと」をわざわざ書くのか…という人もいるだろう。察する人もいるだろうが「当たり前のことを当たり前にできない」という実態が時々見受けられるからである。

マナーには挨拶のほかにも、約束を守る、時間を守る、適切な身だしなみで参加するといったことがあり、いずれもボランティアに限ったものではない。

このことは、ボランティアが特別なことではなく、普段の生活のなかに存在していることを示している。意識的に普段の生活の中からマナーを今一度見直し、参加してほしい。

4 トラブル発生時について

ボランティアとして活動に取り組む中で、時にはトラブルに遭ったり、さまざまな悩みを抱えたりすることもある。ここではいくつかの例をあげてその時の対応策について考えてみたい。

① ケガをさせてしまった・モノを壊してしまった

活動中に誤って他人にケガをさせてしまう、もしくは自分自身がケガを負ってしまった場合は、ケガの程度に関係なくすぐに適切な応急手当をすること（そのためにも活動先に救急道具が備え付けられているか要確認しておく）が必要である。

当たり前のことだが、絶対にその場から立ち去ったり知らぬ顔をして対応を怠ったりしてはならない。この程度なら「大丈夫」と安易な判断をした結果、ケガは少し時間が経ってから痛みを感じたり、傷口から炎症を起こしたりするケースもある。

速やかに近くの人へ助けや応援を求め、些細なことであっても担当者や救護班へ報告を行うこと（連絡先や体制を事前に要確認しておく）。落ち着いたときに自分自身で詳細な記録を取っておく。

（いつ・どこで・だれが・どのような状況で・どのようなケガをしたのか・誰に報告し、どういった指示がさ

れたかなど）

モノを壊してしまったときも同様に速やかに措置や報告などをする必要がある。あわせて、モノの破損などの事故が生じた場合に特に注意すべきは、二次被害を防ぐことである。

例えばガラスを割ってしまった場合、散乱することで周囲の通行人にケガをさせてしまうなど二次被害が生じていないか（被害が広がらないか）周囲にも目を配り、適切な対処を行う。

いずれの場合も一人で解決しようせず、周囲に助けや協力を求めてほしい。また、そういった場面に遭遇した際には、積極的に助けに入ってほしい。

ケガをさせてしまった場合でも、モノを壊してしまった場合においても、またその場に居合わせたときも誠心誠意をもって対応することを心掛けてほしい。

② 自分ができないことを求められた

ボランティアとして活動に参加をする中で、求められる内容に対して、できること・できないことがある。

自動車の運転免許を所持しているが運転をほとんどしたことがない（いわゆるペーパードライバー）という人もいるだろう。例えば「免許を持っているのだから、お願い！」と求められた際、「どうしよう…」と悩むこともあると思う。

しかし、できないことはきっぱり断ることができることもボランティアの特徴の一つとして捉えて欲しい。できること・できないことを区別することや、「ここまでならできます。」というように自分自身のできる範囲を的確に相手に伝えてみることはリスク回避にもつながる。

なるべく相手の要求に応えたくなる気持ちはよくわかる。ボランティアは自発的であるからこそ、目の前で困っている人をみると助けなければならないという気持ちが働くことは必然的なことなのかもしれない。

そんなときこそ、チームで解決したり、ボランティアコーディネーターへ相談したり、もしくは団体の担当者とのコミュニケーションを図ることでよりよい解決方法がみつかることもあるだろう。

特に判断に悩むことなどは、一人で抱え込みすぎないことを心がけたい。

③ その他

活動に関するトラブル以外にも人間関係の悩みや、困りごとなどがあれば、迷わずに報告・連絡・相談をしてほしい。

この報告・連絡・相談の頭文字をとって「報（ホウ）・連（レン）・相（ソウ）」と称することもあるが、トラブルを防ぎ、またトラブル発生時に速やかに対処する際にもホウレンソウは有効に作用する。

ボランティアセンターを介していない活動であったとしても、地域のボランティアセンターや大学ボランティアセンターは相談に応じてくれるはずである。

センターの体制にもよるが、ボランティアコーディネーターによる専門的な知見をもとにした相談や、ボランティアセンターのスタッフによる適切なアドバイスが得られるだろう。

特に以下に掲げる悩みは、時に大きなトラブルにつながりかねず、速やかに相談するようにしてほしい。

・入会した団体の実態がカルト団体で勧誘されている
（不審点や疑うことがあればその時点で相談してほしい）
・セクハラなどを受けた
・活動に関係のないやりとりのため、執拗に携帯電話番号など個人情報を求められた
・事前説明と実態が全く異なる活動を強いられた
・未成年だが飲酒や喫煙を強要された
・金銭関係

トラブルが生じないように注意しながら活動をしていても、突如として巻き込まれてしまうこともある。

また、自身に直接的な影響を受けていなくとも、活動メンバーがトラブルに巻き込まれて悩んでいる場合や、はっきりとは言えないがどうもひっかかることがある場合でも、小さなことでもよいので報告・連絡・相談を遠慮せずにしてほしい。

なるべく早い対処はトラブルによるダメージを最小限に抑えることにもつながり、トラブルを広げないた

めにも迷うことはない。

第4章

ボランティアの活動を振り返る

1 ボランティアと振り返り

ボランティアの「活動」をより充実させるには、その前後の動きにも着目をすることが必要である。

ボランティアをはじめる際は、やや慎重に行動をする人も多い。

自分自身の社会問題への意識からどういった活動に取り組もうか、自分自身の希望に合わせて活動できる団体などはないか、こういったことを整理しない限りはボランティアとして活動をスタートすることができないからである。

そこで、特に重視したいのが活動を終えた後の動きである。

おそらくボランティア以外のさまざまな場面でも、何かチームで取り組んでいたことが終わった後に「反省会」などと称して、うまくいかなかった点を出し合ったり、考えたりする会が設けられ、参加したことがあるだろう。

そこでは、何が原因でうまくいかなかったのか（原因追及）など、終わったことの中から問題事項を整理していく作業を行うことが多い。

それとは別に、実際の心境としては、ボランティアとして活動を行った後、「やりきった！」「がんばったね！」という文字では表現しにくい充実感や、達成感もあるだろう。

ボランティアのやりがいのひとつは、文字では表現しにくい「達成感」を得られた瞬間にある。ボランティアとして取り組んだ人にしか得られない、スペシャルな感情である。

その達成感は、それぞれが自発的に参加し「主体的」に動いていた時により強く感じられる。

自分から進んで参加していない活動は「時間になったから終わった」「疲れた」が先に来るかもしれない。

もちろんその感じ方は人それぞれであり一概には言えないが、自発的な活動で主体的に動けた際の嬉しさや喜びを大事にすることは、ボランティアならではともいえよう。

そこで、過ぎたことを反省する会（反省会）ではなく、次につなげる「振り返り」と呼ぶようにしてはどうだろうか。

うまくいかなかったことを整理することも必要だが「うまくいったこと」「達成感を感じられたところ」や、今の心境など「良かったところ」も、ぜひ仲間と共有をしてほしい。

ボランティアは、その人の「やりたい！」という気持ちが要である。うまくいかなかったことの原因を追及していくことも大切なことだが、「次はこうしよう！」と前向きな話を欠かさずにいれることがモチベーションの向上につながる。

時間がない場合は、短時間（せめて一人一言）であっても同じ活動した仲間たちと「振り返る」時間をぜひ設けてほしい。

たとえ一言であっても自身の体験や感情を、その時に言語化することによって、体験を振り返ることができ、次の活動へつながるはずだ。

社会的な課題は、一回の活動で解決することはないだろう。しかし、一回の活動であってもそれは課題解決のため大事な一歩であり、その積み重ねが解決にむけて前進していく力となるのである。

2 PDCAサイクルで考える

振り返りの手法のひとつとして「ＰＤＣＡサイクル」がある。多くの企業などで取り入られている手法だが、ボランティアとして活動する場面においてもこの手法は大いに生かすことができる。

ＰＤＣＡサイクルとは、①Plan、②Do、③Check、④Action を繰り返すことを一連の流れとするサイクルである。ＰＤＣＡは文字とおりそれぞれの頭文字からきている。

かつて品質管理のサイクルとして、米国の統計学者であるW・エドワーズ・デミング（William Edwards Deming）が日本に伝えたとされている（これが由来でデミングサイクルと称される場合もある）。

このＰＤＣＡサイクルをボランティアに当てはめて整理すると、次のような流れとなる。

①Plan（計画）：ボランティアとして活動するために活動計画を立てる
②Do（実行）：計画に基づいて実際に活動をしてみる

③Check（評価）：上手に取り組めた点・上手くいかなかった点を確認する
④Action（次の行動にむけて）：次にどのような行動にむけて振り返り、準備をする（①に戻る）

このサイクルをボランティアとして活動をしていくなかで意識的に繰り返し行うことが、社会問題の解決にむけた次の展開につながる。

ボランティアといえば「活動（Do）」のイメージが強く、印象として先行されてしまうが、実際には社会問題を的確に捉え、計画を練る（Plan）ところから、振り返り（Check）そして次の行動（Action）と活動とその前後の関係があって成り立っているということを理解しておきたい。

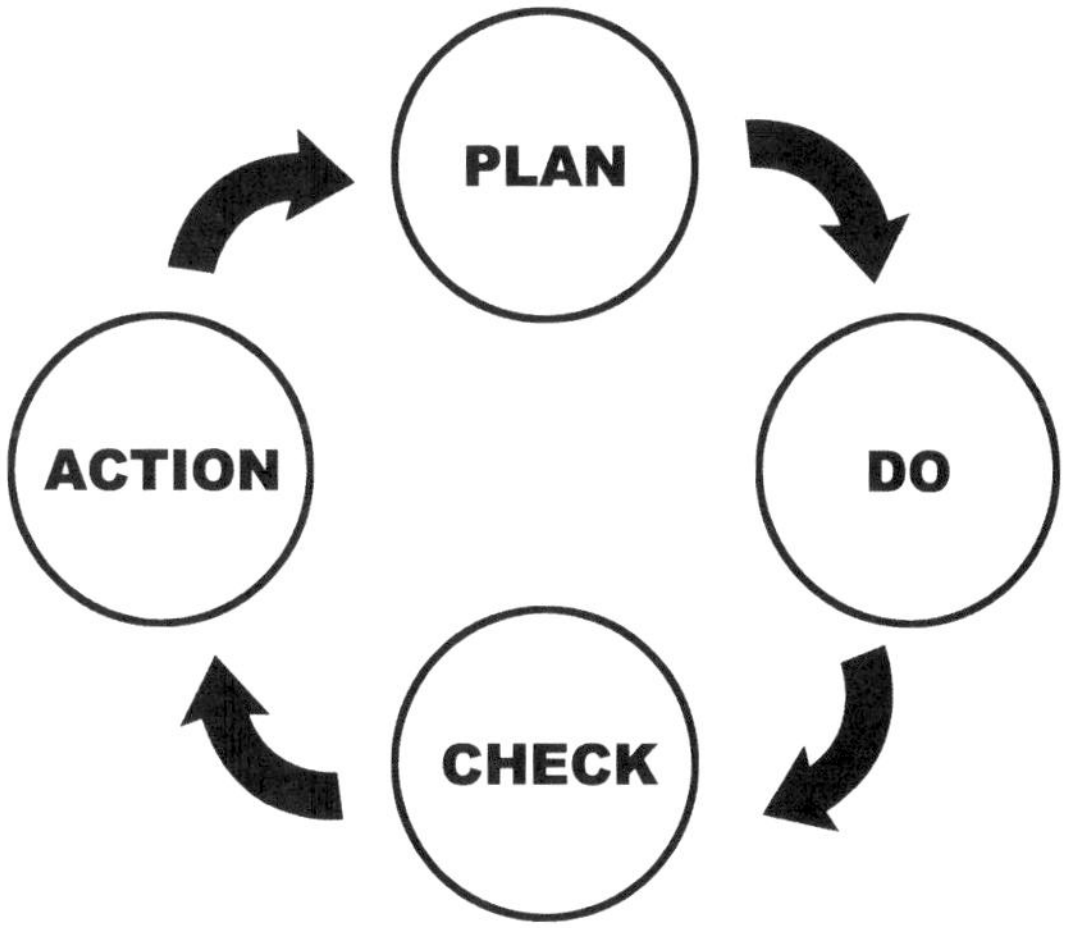

筆者作図

第5章

ボランティアを次へのステップに

1 学生にとってはじめてのボランティア

大学に入学し、はじめてボランティアに取り組んでみようという学生は毎年のように多くいる。はじめようと思った理由は人それぞれであり、何がよくて何がダメということはない。

大学で学んだことを生かしたい。苦手なことを克服したい。将来の夢にむかって経験を積みたい。なかには、友達がやっているからといった他者からの影響。暇だからやってみたいといった、自分自身を見直すことを理由にはじめる人もいるだろう（もしかすると就職活動を意識していることもあるだろう）。

きっかけ（理由）が何であったとしてもボランティアとして活動をはじめたいという人は、何かの期待をもっている場合がほとんどである。

ボランティアとして欠かすことのできない3つのキーワードの一つに「無償性」があり、経済的（金銭的）な見返りを求めないことを繰り返し説明してきた。

ボランティアにはボランティアだからこそ得られる体験や、普段の生活では得難い経験をすることができ、これらは活動をした自身にしか得られないことであり、自身にとって何らかの変化を生み出す材料となる。

そこで、第5章では学生のボランティアについて、その意義を考えてみたい。

①社会から求められるニーズを知ること

ボランティア募集の中でも、学生の参加を求める声は多い。その活動先も多彩で、さまざまな場面でニーズがあることは、おそらく活動先を探しはじめて比較的早い段階で誰もが気づくことになる。それは、学生という「若さ」が放つフレッシュさが活動に新たな風吹き込んでくれる期待があることが大きいが、決してそれだけではない。

特に、ある程度の長期間取り組んできた団体に多いが、めまぐるしく変化する現代社会に対応していく必要性を感じている。社会問題や、その解決方法も変化していることをわかってはいるが、対応に苦慮していることも多い。

実際にあった活動の一例だが、広報啓発を行うためにこれまでチラシ制作を中心にやってきた団体が、SNSの普及に乗り遅れていることが課題となっていた。

そこで、学生にスポットが向けられた。新たな問題にも対応するためには、最新のトレンドを素早くキャッチしている学生はヒントにあふれる存在でもある。

先ほどの活動先では、学生が協力し、さまざまなSNSを駆使して展開した結果、広報啓発の成功を示す認知度が上昇したという。学生にとってSNSは日常生活でごく当たり前のツールかもしれないが、それが学生の強みであることを改めて認識する機会となった。

メリットは、活動先だけが得るものではない。学生にとっても社会の様子を実体験として勉強することができるほか、学んだことや自身の特技や趣味を生かせる場でもある。
このように双方向の関係性をつくれるのはボランティアの魅力であり、おもしろさでもある。

②学生だからこその強みを生かした活動

大学卒業後、社会人となったのちもボランティアを続けることはもちろん歓迎したい。かつてのような長時間残業が当たり前とされていた働き方では、社会人でボランティアとして取り組む人は稀有な存在だったが、最近はリモートワークや、働き方改革によって、仕事以外の時間の確保がしやすくなったことも影響し社会人でもボランティアに取り組みやすくなりつつある。

しかし、社会人になるとどこかの企業などに勤めていることもあり、「営業の一環で来ているのではないか」などあらぬ誤解すら与えられてしまうこともある。

学生はそういった利害関係は想定されにくい。経験を得たいという学生の希望に対して「どんどん経験してほしい」というのがもっぱらの意見であろう。

年齢的にも学生は、高齢者にとっては「孫」や「ひ孫」の世代に近く、子どもたちにとっては、子ども向けの朝のテレビ番組に出てくる「歌のお兄さん・お姉さん」「体操のお兄さん・お姉さん」のような、親とも違う、身近に感じられる存在でもある。

ボランティアとして活動する際には「学生だからこその強み」が何なのか、今一度考えてみるとよいだろう。

2 ボランティア「経験」を次につなげる

学生がボランティアに取り組む時間を確保することは決して簡単なことではない。かつてのように「学生は人生の夏休み」などと喧伝されてきた状況は、もはや「過去」の話だ。

現代の学生はとにかく忙しい。授業は朝から夕方まで入って、試験期間は、筆記試験に加えてレポートに追われている。在学中に資格取得に取り組む学生も多く、休日や祝日も補講などが入ってくる。その上に通学に時間がかかる者も多い。

就職活動は早期化し、大学2年次の夏ごろから「インターンシップ」と呼ばれる就職体験に参加する学生もいる。就職活動に取り組む時間を確保するためもあってなのか、大学4年間のうち、1・2年次の間に多く講義を履修し、卒業に向けて単位を得ようと取り組む。

空いている時間はアルバイトをしないと携帯電話代はじめ生活費が足りない。首都圏を中心に行われる「仕送り額」に関する推移調査の2019年度の結果では、仕送りの金額の平均は85，300円。これには家賃も含まれている。ちなみにおよそ20年前（2000年）の仕送り額は145，100円であり大きく減少をしている。(1 物価上昇に反比例して仕送り額が減り続け、アルバイトをしないと生活が成り立たないという学生も多い。

その実態をを示すかのように、ベネッセ教育総合研究所が行った「第3回 大学生の学習・生活実態調査」(2016年)では、ふだんの時間の過ごし方としてアルバイトに費やした平均時間は週に7.7時間であり、授業終了後に無理なくアルバイトすることを想定すると週に2~3日といったところだろう。

一方で、同調査によると社会活動(ボランティア、NPO活動などを含む)に費やした平均時間は、週に0.8時間。全くやっていないという学生も78.5%と高い割合で占めている。

この理由を推測するに、最優先すべき学業に加えて、生活費を賄うためのアルバイトに時間を割かざるを得ず、ボランティアまで取り組む余裕がないという学生も多いのではないだろうか。

しかし、この調査結果をみて勘違いをしてほしくないのは、ボランティアに取り組む学生が「すごい」と評価されるわけではないことである。

その理由の一つとして、先ほどの調査結果は、活動に取り組んだ時間を週単位で示した平均の時間を示している点に着目してほしい。学生によってはまとまった長期休業中に集中的にボランティアに取り組む学生もいれば、月1回・短時間であっても定期的に取り組む学生もいるということである。調査結果を鵜呑みにしてはいけない。

また、ボランティアの時間をたくさん費やす「量」だけが実績ではない。学生のみなさんに特に重視してほしいのは、ボランティアとして取り組む中で、何を考え、どう行動し、どういった経験したか、といったいわゆる「質」、つまり「量」と「質」の両方ということである。

しかし、どんな貴重な経験を重ねたとしても、それは個人の経験にすぎず、他者にはわからない。そこで、経験を改めて捉え直し、単なる個人的な経験を言語化する作業も必要である。それらの作業をとおして、言語化した経験を相手に伝えられた時にはじめて「実績」として評価され、次につながるのである。

3 ボランティアの活動と就職活動

学生にとって、目下の大きな課題に「就職活動」があげられる。四年制の大学に通う学生の多くは4年間で卒業をするが、大学2年次の頃には意識し始め、3年次にはインターンシップや説明会参加し、4年次にあがるころには採用試験に受け「内定（内々定）もらえました！」というような話もよく耳にする。

このような就職活動の流れもあってか、「ボランティアしたい！」という3年次の学生も多く、正直な理由を聞くと「就職活動を有利に進めたいからネタがほしい」という学生も一定の割合いるのが実際の状況である（後

1　東京地区私立大学教職員組合連合、2020、「私立大学新入生の家計負担調査　2019年度」ホームページ掲載版、（2020年11月3日取得，http://tfpu.or.jp/wp-content/uploads/2020/04/2019kakeihutanchousa20200403HP.pdf）.

ろめたさ?なのか、話している内容に一貫性がないなど、よくわからない理由を頑張って考えてくる学生も多い)。

では、学生時代にボランティアとして社会貢献活動に取り組んでいたことが、はたして有利に働くのだろうか。

最初に答えをお伝えすると、時にはプラス評価に働くこともあるだろうが、残念ながらそうでないと思われる場合も往々にしてある。というのが現実である。

具体的に理由を述べる前に、一つだけ断言できることがある。それは、ボランティアを「やった」という「行動した事実」だけでは、学生が考えているようなプラス評価に働くことはほとんどないということである。

既述のとおりであるが、全国の大学生を対象に行った調査ではボランティアとして1年以内に活動をしたという学生はおよそ30%いるという現実を忘れてはならない。

この30%という調査結果に対する評価はさておき、事実として10人いたら3人前後はボランティアに取り組んでいるということを示しているのである。

採用担当者の立場になってみてほしい。グループ面接試験の面接担当として、目の前にいる入社希望の複数の学生が「ボランティアに取り組みました」とPRしているとき、どこを評価ポイントにするだろうか。

参考程度にボランティアではなく、イメージしやすい留学の話を例えにする。留学した学生も同じように、海外での留学経験をPRする。

だからといって企業は、それだけでは大きな評価はしない。留学経験だけではなく、語学力をみるために各種語学力試験のスコア、語学や留学経験を生かしたコミュニケーション力、文章読解力、海外での経験をまとめる能力なども総合的に評価をしているのである。

先ほどの話に戻そう。面接担当としては、「ボランティアに取り組みました」だけでは評価に差がつかない。そこで、ボランティアに取り組むようになった「社会問題への意識」や「課題解決にむけた手法の検討」「得られた経験」そして「次に向けてどう考えたのか」といった行動実績だけではなく、事前・事後、そしてそのボランティア経験を自分の言葉で語ることができるかといったことを質問するだろう。つまり、これらが評価ポイントとなるのである。

就職活動がはじまり、慌てて「ボランティアをやった」といいたいがための実績づくりのために数回、単発ボランティアに参加したとする。

そのことを試験の場で、自分の言葉で自信をもってPRできるだろうか。

活動に真摯に取り組み、目標をもって継続的に取り組むことは、結果的に自信にもつながり、自分自身でやりとげたことが自己肯定感を高めることにもなる。

また、ボランティアとして自発的に主体的な経験を重ねてきた学生には、社会問題に対する分析力や、企画力といった能力のほかに、コミュニケーションやリーダーシップといったスキルも自然と身についているだろう。そしてボランティアは自分自身と相手、ボランティア仲間や地域の機関など多くのネットワークが広がり、その分各所から刺激がある。

こういった自分自身の成長は、積極的に求めなくとも、ボランティアの本来の意味を理解すれば自ずと身についているものである。

繰り返しになるが、就職活動を有利に進めるためプラス評価に働かせたいのであれば、就職活動がきっかけだとしても、就職活動のために取り組むのではなく、あなた自身が気になる「社会問題」の解決に向けて、小さなことでも実践してみてほしい。

ただ「やりました」のアピールだけではむしろマイナス評価になる可能性があるということ、大学3年次になったら取り組めばいいや。ではなく、目の前にある社会問題に対して「見て見ぬふり」をせず、学生らしく積極的にチャレンジしていってほしい。

第6章

NPOとボランティア

1 NPOとは

ここまでボランティア（＝個人）のことを考えてきたが、最終となる本章では、組織形態である「ＮＰＯ」について紹介をする。

ＮＰＯとは「Non-Profit Organization」又は「Not-for-Profit Organization」の略称であり、さまざまな社会貢献活動を行い、団体の構成員に対し、収益を分配することを目的としない団体の総称である。[1]

広義にとらえると、同窓会やスポーツクラブなども含まれるほか、福祉施設などの運営を行っている社会福祉法人や、学校運営を行っている学校法人などもひとつにあげられる（図を参照）。

また、最狭義は特定非営利活動（ＮＰＯ）法人格を有した団体となる。

ここでは、１９９８年12月に施行された特定非営利活動促進法に基づいた「特定非営利活動（ＮＰＯ）法人」に絞って説明をしたい。

「ボランティア元年」と呼ばれる１９９５年は、阪神・淡路大震災が発災し、多くの人たちがボランティアとして被災地へ赴き活躍したことは前述のとおりであるが、これを機にボランティアの組織化が進むなかで法人格の必要性が訴えられてきた。

市民団体の強い要請をうけ、３年後の１９９８年に「特定非営利活動促進法」が成立し、法が定める条件を満たすことで「特定非営利活動法人」の法人格を取得できることとなった。

この法が定める主な条件は次のとおりである。

①特定非営利活動であること

「特定」とは法が特定している20分野のうちいずれかに該当する活動であることを指し、「特定された活動分野の中で非営利活動」を行っている法人ということである。

②非営利であること

非営利活動とは、生み出した利益を分配してはならない（分配するのではなく非営利活動に充てよ）ということであり、利益を生み出してはいけないというわけではない。

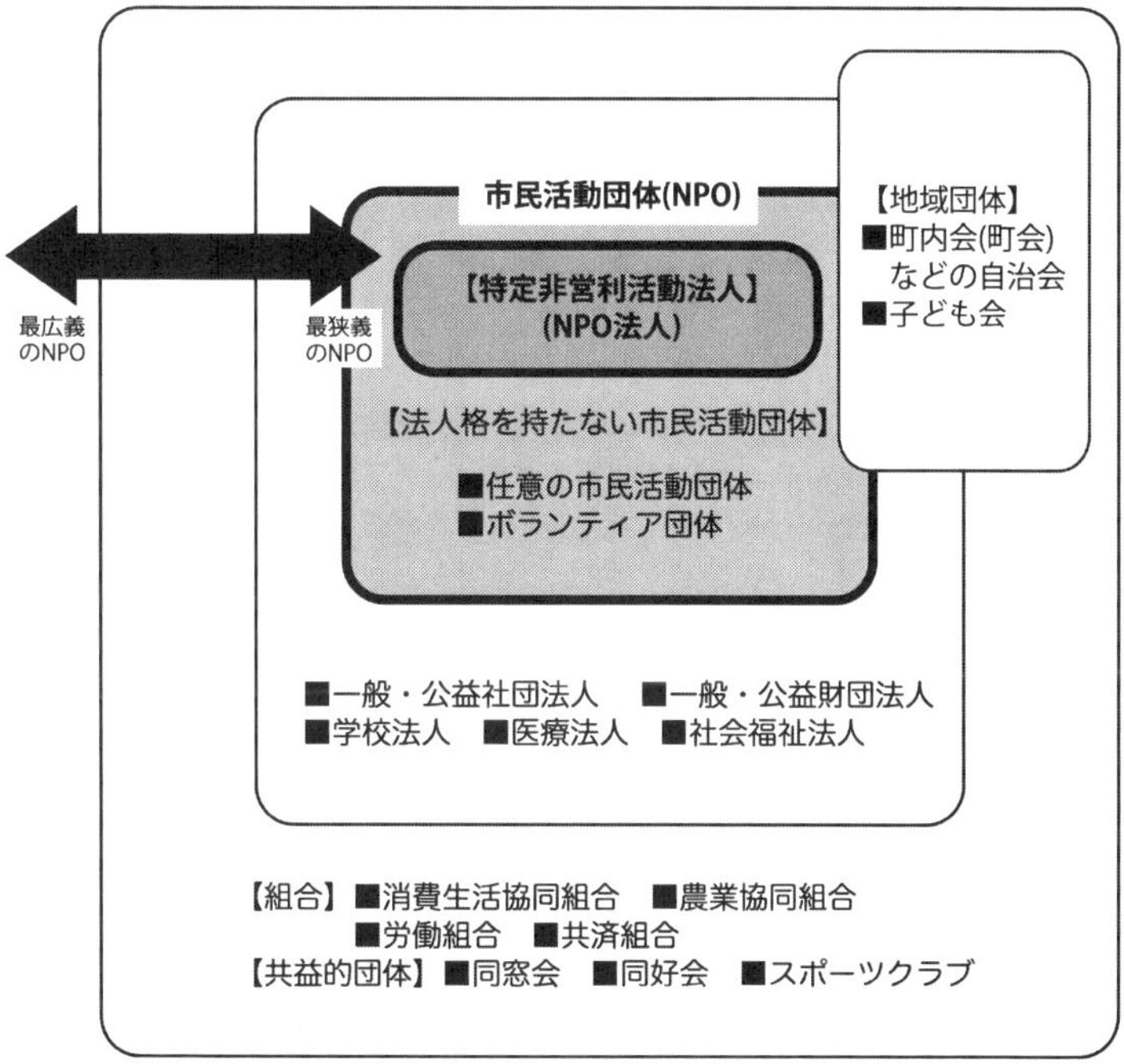

※世古一穂、2001、「協働のデザイン―パートナーシップを拓く仕組みづくり、人づくり」学芸出版社、20.を参考に筆者作図。

1　内閣府「内閣府ＮＰＯホームページ『ＮＰＯのイロハ』」（２０２０年７月27日取得、https://www.npo-homepage.go.jp/about/npo-kisochishiki/npoiroha）.

また、一般の企業などと同じようにスタッフを雇用し、給与を支払うことはもちろん、(一部に制限はあるが)役員報酬を受け取ることについても認められている。

③宗教活動を目的としない

宗教の教義を広めることや、儀式行事を行うほか、信者を教化育成することは認められていない。

④政治活動を目的としない

政治上の主義を推進し、支持し、又はこれに反対すること。もしくは特定の公職の候補者もしくは公職にある者又は政党を推薦し、支持し、又はこれらに反対することは認められてはいない。ただし、政策提言などといった働きかけは認められている。

【参考：特定非営利活動促進法(抜粋)】

第二条　この法律において「特定非営利活動」とは、別表に掲げる活動に該当する活動であって、不特定かつ多数のものの利益の増進に寄与することを目的とするものをいう。

2　この法律において「特定非営利活動法人」とは、特定非営利活動を行うことを主たる目的とし、次の各号のいずれにも該当する団体であって、この法律の定めるところにより設立された法人をいう。

一　次のいずれにも該当する団体であって、営利を目的としないものであること。

イ　社員の資格の得喪に関して、不当な条件を付さないこと。

ロ　役員のうち報酬を受ける者の数が、役員総数の三分の一以下であること。

二　その行う活動が次のいずれにも該当する団体であること。
イ　宗教の教義を広め、儀式行事を行い、及び信者を教化育成することを主たる目的とするものでないこと。
ロ　政治上の主義を推進し、支持し、又はこれに反対することを主たる目的とするものでないこと。
ハ　特定の公職（公職選挙法（昭和二十五年法律第百号）第三条に規定する公職をいう。以下同じ。）の候補者（当該候補者になろうとする者を含む。以下同じ。）若しくは公職にある者又は政党を推薦し、支持し、又はこれらに反対することを目的とするものでないこと。

第十二条　所轄庁は、第十条第一項の認証の申請が次の各号に適合すると認めるときは、その設立を認証しなければならない。
一　設立の手続並びに申請書及び定款の内容が法令の規定に適合していること。
二　当該申請に係る特定非営利活動法人が第二条第二項に規定する団体に該当するものであること。
三　当該申請に係る特定非営利活動法人が次に掲げる団体に該当しないものであること。
イ　暴力団（暴力団員による不当な行為の防止等に関する法律（平成三年法律第七十七号）第二条第二号に規定する暴力団をいう。以下この号及び第四十七条第六号において同じ。）
ロ　暴力団又はその構成員（暴力団の構成団体の構成員を含む。以下この号において同じ。）若しくは暴力団の構成員でなくなった日から五年を経過しない者（以下「暴力団の構成員等」という。）の統制の下にある団体
四　当該申請に係る特定非営利活動法人が十人以上の社員を有するものであること。

このようにＮＰＯ法人は「特定非営利活動」を行う法人であるが、特定された非営利活動とは、次に示す20種類の分野に該当する活動であり、不特定かつ多数のものの利益に寄与することを目的した活動のことである（特定非営利活動促進法「別表（第２条関係）」）。

1. 保健、医療又は福祉の増進を図る活動
2. 社会教育の推進を図る活動
3. まちづくりの推進を図る活動
4. 観光の振興を図る活動
5. 農山漁村又は中山間地域の振興を図る活動
6. 学術、文化、芸術又はスポーツの振興を図る活動
7. 環境の保全を図る活動
8. 災害救援活動
9. 地域安全活動
10. 人権の擁護又は平和の推進を図る活動
11. 国際協力の活動
12. 男女共同参画社会の形成の促進を図る活動
13. 子どもの健全育成を図る活動
14. 情報化社会の発展を図る活動

15．科学技術の振興を図る活動
16．経済活動の活性化を図る活動
17．職業能力の開発又は雇用機会の拡充を支援する活動
18．消費者の保護を図る活動
19．前各号に掲げる活動を行う団体の運営又は活動に関する連絡、助言又は援助の活動
20．前各号に掲げる活動に準ずる活動として都道府県又は指定都市の条例で定める活動

同法が施行された１９９８年以降、法改正により対象となる分野の数が増えており、現在の20分野は２０１２年に定められた。

ここに掲げた20分野のうちいずれにも該当していない団体は、ＮＰＯ法人となることはできない（最低一つ以上の分野で該当する必要がある。複数でも可）。

なお、２０２０年9月30日までに認証を受けた５１，０３１団体のうち最も多いのが、「1．保健、医療又は福祉の増進を図る活動」である（複数可ではあるものの、いずれにしても保健、医療又は福祉の増進に関連する活動をしている団体が多いといえる）。[2]

2　内閣府「内閣府ＮＰＯホームページ」（２０２０年11月23日取得，https://www.npo-homepage.go.jp/）

ここまでは、ボランティアと似たような活動分野で取り組む団体ということで理解しやすいと思うが、法人格の名前にもなっている「非営利」で混乱することが多い。ボランティアでは、これに近いキーワードとして「無償性」をあげたが、NPOでは「非営利」となり、わかりやすくすると「営利を目的としない」法人ということだ。この「営利を目的としない」というのは、無償でやりなさい。ということではない。お金を稼いでもよい、むしろ団体運営として活動資金の調達は大いに期待されていることである。

営利法人（株式会社など）と大きく異なるのは、稼いだお金を分配するのではなく「社会のために使いなさい」ということである。

株式会社の場合は、出資された資金を原資に、利益を生み、「配当」という形で株主に対し出資額に応じて還元する仕組みであり、株主は「営利」を目的としている。一方で、NPOは、賛同してもらった個人や法人などから会費や寄附を受けたり、行政などから補助を受けたりすることで資金が提供され、その資金をもとに活動を行う。

サービス等を提供する際は、必ずしも「無償」である必要はなく、参加費や利用料などを設定し収入を得ることや、業務委託などの形でいわゆる「仕事」として受けることもある。

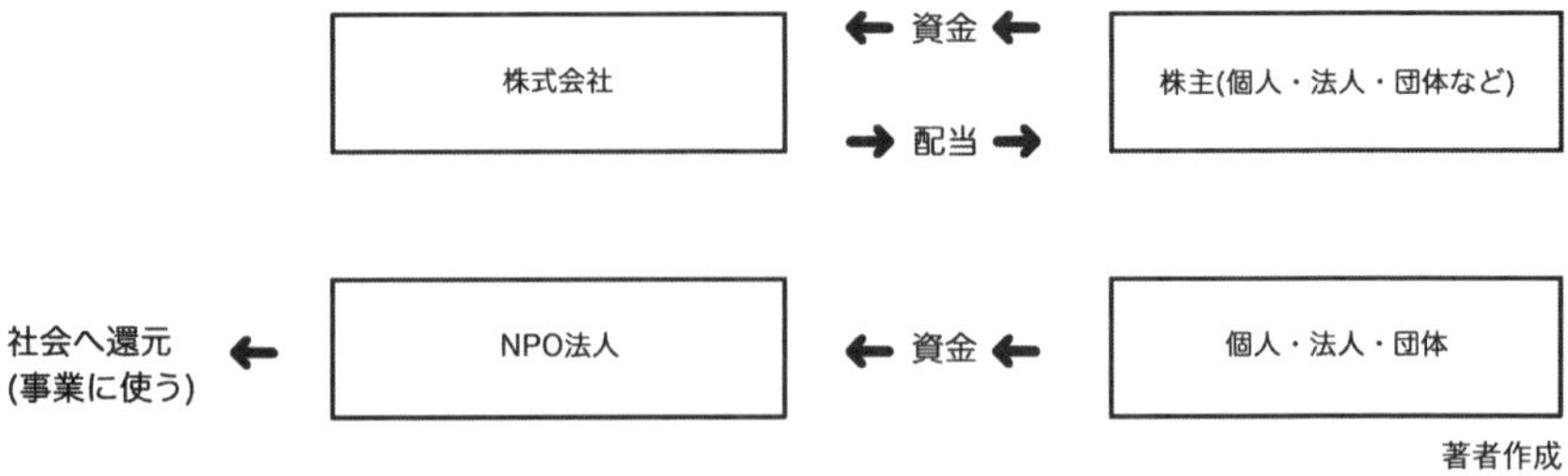

著者作成

そこで生まれた利益（収入から経費を除いたもの）は、すべて社会に還元させ、事業に使うことが求められ、特定の個人や団体には見返りがない。この部分が「非営利」にあたる。

よく耳にする「NPOだからお金稼ぎはできない」というのは大きな誤りであり、むしろ積極的に資金調達を行うことで、より多くの社会問題解決に向けた動きをとることがNPO法人には求められているのである。

2 NPOとボランティアの違い

NPOについて説明をしたが、「ボランティア」との違いをまとめてみることにする。

まず、ボランティアは基本的に個人のことを示し、複数名が集まった場合は「ボランティア団体」のような形でボランティア（個人）の集合体となる。一方で、NPOは組織のことを示し、組織として責任をもって社会問題の解決にむけて取り組んでいる。

そのNPOに携わる人の中には、ボランティアとしてかかわる人もいるが、特に規模が大きいNPOには有給スタッフが雇用され、事業運営していることも多い。

そのための人件費も含めて、家賃や光熱費など、一般的な会社と同じ経費が基本的には発生するのである。

ボランティア		NPO
個人	活動形態	グループ （組織）
個人活動	活動の仕方	組織活動
自発性 無償性 公益性	スタンス	自発性 非営利性 公益性
個人が責任を負う	責任	組織として責任を負う

著者作成

3　社会人になってもNPOやボランティアにかかわり続けることの魅力と価値

最後に、社会人になったあともNPOやボランティアにかかわり続けることの魅力を少しだけ紹介する。

これまで経済的な利益を追求することが目的だった企業も、最近は、それだけではなく社会の一員として社会問題の解決のために役割を果たすべきという考えが浸透し、「企業の社会的責任＝CSR（Corporate Social Responsibility）」が注目されている。

我が国の代表的な企業などで組織される「日本経済団体連合会（通称：経団連）」には、1％（ワンパーセント）クラブが立ち上がり、企業が生み出す利益の1％以上を社会貢献活動に役立てようと取り組みが続けられている。

その他、国際連合が2015年に採択し、2030年にむけた目標として取り組んでいる持続可能な開発目標「SDGs（Sustainable Development Goals）」に取り組む企業や、地域とのつながりを意識している企業も多い。

海外支援において、知名度のある制度として独立行政法人国際協力機構（通称：JICA）が実施している「青年海外協力隊」制度がある。職場の理解があれば派遣期間中「休職」扱いとして所属先に籍を置いたまま海外での活動に参加することができる。

この制度の特徴の一つが、現職参加をする隊員の所属先に対して、雇用を継続するために必要な経費の一部として「現職参加促進費」が支払われることである。所属先の負担軽減に加えて、派遣した社員が帰国後、海外での活動経験を元の職場ですぐに役立てるという側面からも、これからはこのような制度はますます注目されていくだろう。

自社の社員による自発的なボランティアを推進するため、年次休暇とは別に「ボランティア休暇」制度を設けるなど、社員の自発性を促す取り組みも少しずつ広がってきている。

このように本業の理解を得られボランティアとして活動しやすい環境が整いつつあるが、企業側にとっても、社員の視野が広がる・地域との交流が広がるなど社員を参加させるメリットが大きいと考えていることを示しているといえる。

社員にとっては職場・自宅とは違う第3の活動拠点がボランティア先であったりする。

これまではカフェなども軽い息抜きの場であったが、せっかくならば「社会のために取り組む」ことで心地の良い充実感を得られることからサード・プレイス（第3の居場所）ともいう。

第2章でも紹介した「プロボノ」では、社会人が大いに活躍をしている。自身の強みを生かしたボランティアは、社会のニーズにすぐにこたえられ、比較的組織としては小さいＮＰＯや地域の活動ではすぐに成果として現れる。このように本業とは別に2枚目の名刺を持とう！という活動が広がりを見せている。(3

また、地域に根差した活動にもさまざまな活動がある。家族とともに、ボランティアとして参加をすることや、地域のごみゼロ運動に参加するといったことでもよいだろう。

自宅は寝るところになっていたかもしれないが、地域に目を向けてみると新たな魅力が見つかり、休日のライフスタイルにも変化があるかもしれない。

受け入れる側からしても、それぞれの専門性をもった社会人のボランティアは貴重な存在である。その専門性をもった仕事としてわかりやすい例をあげるとデザイナーや語学、ＩＣＴ、など数をあげればきりがないが、なにも高度な技術や、スキル、資格有無だけが専門性ではない。

普段は仕事で営業をやっている人は、その営業ノウハウが専門性である。ＮＰＯの多くは活動資金について悩んでいる。例えばスポンサーを探すノウハウには、営業で培ってきた経験が役立つ。

仕事で経理・人事などの事務仕事を担っている人には、団体を下支えする運営面で貢献をすることができるだろう。

3　特定非営利活動法人二枚目の名刺はこの活動を中心的に取り組んでいるため、参考にするとよいだろう。

おわりに

本書のきっかけは、これまでの自分自身の活動を振り返り、学生に対して「ボランティア」をどう伝えればよいのか…試行錯誤がスタートだった。

これまで、自分自身が「やりたい！」と思ったことに取り組み、その後NPO法人や活動団体の一員としてボランティアを「受け入れる側」としても活動をしてきた。現在はご縁があり、ボランティアコーディネーターとして「送り出す側」としての役割も担わせていただいている。

感謝すべきことにボランティアをとりまく3つの立場を知り・体験した者としてその経験を生かしたいと考えるようになり、自分自身の体験を思い出しながら振り返ることにした。

それらをもとにまとめているうちに、せっかくならひとつにまとめて整理してみよう！と、ふらふら自由気ままに書いたものがベースになっている。

このように、気楽に楽しみながら書いていたことを一冊にまとめたものであり、みなさんに読んでいただけるのであればこれ以上の幸せはない。

本編では触れなかったが、執筆をとおして振り返る中で一つ分かったことがある。それは自分自身が「ボランティアである」と意識して活動をしたことは、ほとんどなかった。ということだ。

たしかに金銭の報酬も受け取っていなかったし、むしろ学生の頃はアルバイトを休んで、金銭の報酬が減ってでも活動をしていた。

しかし「ボランティア」と意識したことはなく（ボランティアという言葉を知りつつもあえて使わなかっ

た？）、むしろ自分自身が「やってみたい！」や「おもしろそう！」からスタートし、続けてきたということである。

よく考えてみると、こういった好奇心や感情から生じる行動力は、何も社会的活動だけではなく、私の好きな旅行（お城めぐり）、アウトドア（特にＢＢＱ）、日本酒を愉しむことにも共通のことがいえる（行ってみたい、やってみたい、呑んでみたい）。

私からすると、それら自身の趣味と近しいことがＮＰＯや地域での活動であり、今回振り返ってみるとそれが「ボランティア」だったのか！と新たな発見でもあった。

本書を読んで活動に強く関心をもってくださった方はぜひ一緒に実践をしたいが、気軽に肩の力を抜いてやってみることもひとつである。

どうも「ボランティア」のイメージには、いわゆる「意識高い系」という印象があるようである。

私はお城が好きなので出張でも旅行でも、ついつい近くに城跡がないかな…と気になってしまう。好きなことには自然と意識が向き、関心が高くなることはよくあることであり、意識が高くなることはごく自然なことだろう。意識が向かなくなったり、関心を持たなくなったら、その活動をやめて違うことをやってみるのでよいのではないだろうか。

自分にできそうなところから、できることをやってみればよい。やっているうちに楽しくなれば「やりたいこと」に気づき、それがボランティアだったのか！という展開も悪くないと思う。

こんな元も子もないことばかり考えていると、どんどん書きたいことが増え続け「なるべくコンパクトに」と意識をしながら執筆したのだが、書ききれないことも多く、ボランティアをめぐる議論などはもう少し細かく書くべきことを他に譲らざるを得なかった。すべて私の責任でまとめさせていただいたことご容赦いただきたい。

初の単著書ということで、出版実務を担ってくださった日本橋出版社のみなさんには多くのアドバイスをいただいた。また、本書はこれまでの一緒に活動してきた仲間たち、学友、先生方がいなければ成り立たない。みなさんとこのように本書を世に送り出すことができたことは、この上ない喜びである。

また、陰ながら支えてくれた父と母には心から御礼を伝えたい。「勝手にしろ」と自由にさせてくれ、当時は本当に好きにさせてもらった。今から考えれば放任しながらもどこか導いてくれていたのだと思う。（期待していた道からは外しているかもしれないが）心からありがとうと伝えたい。

そして、一番に応援してくれている家族には感謝の気持ちでいっぱいである。

最後になるが、本書は、読んで学ぶだけではなく、ボランティアとして活動を実践していただくことを期待している。次はどこかの現場で、互いにボランティアの一人として活動をご一緒できることを願ってやまない。

２０２１年２月２日
（１２４年ぶりの節分の日に）

久米　隼

▶ 著者プロフィール

久米 隼（くめ はやと）

神奈川県横浜市生まれ。埼玉県在住。立教大学大学院修了（MBA in Social Design Studies）。高校生のころから社会的活動に関心があり、学生の時に、社会福祉を学ぶ中で新たな地域のコミュニティをつくっていく市民活動に魅了され、地域活動やＮＰＯでの取り組みの実践と研究に力を入れるようになる。

現在は、埼玉純真短期大学等で教鞭を執るほか、社会的活動として、埼玉県和光市社会教育委員会（議長）、草加市ふるさとまちづくり応援基金運営委員会（委員）や、認定特定非営利活動法人児童虐待防止全国ネットワーク（理事、渉外・啓発事業兼学生支援事業担当）や特定非営利活動法人日本冒険遊び場づくり協会（理事・事務局長）とったNPOにおける実践にも取り組んでいる。（２０２３年１月２３日現在）

これだけは理解しておきたいボランティアの基礎

2021年3月29日　第1刷発行
2023年4月30日　第3刷発行

著　者　久米隼
発行者　日本橋出版
〒103-0023　東京都中央区日本橋本町2-3-15
共同ビル新本町5階
電話　03(6273)2638
https://nihonbashi-pub.co.jp/
発売元　星雲社（共同出版社・流通責任出版社）
〒112-0005　東京都文京区水道1-3-30
電話：03-3868-3275

ISBN978-4-434-28574-5　C0036

定価はカバーに表示してあります。

落丁・乱丁本はお手数ですが小社までお送りください。送料小社負担にてお取替えさせていただきます。